#홈스쿨링
#혼자공부하기

똑똑한 하루 사회

Chunjae Makes Chunjae

똑똑한 하루 사회 6-2

편집개발	조미연, 윤순란, 김민경, 박진영
디자인총괄	김희정
표지디자인	윤순미, 박민정
내지디자인	박희춘, 한유정, 우혜림
본문 사진 제공	게티이미지코리아, 뉴스뱅크, 연합뉴스, 셔터스톡, 토픽이미지스
제작	황성진, 조규영

발행일	2021년 6월 1일 초판 2021년 6월 1일 1쇄
발행인	(주)천재교육
주소	서울시 금천구 가산로9길 54
신고번호	제2001-000018호
고객센터	1577-0902

똑 똑 한

하루 사회

6-2

쉬운 용어 학습
교과 용어를 쉽게 설명하여
교과 이해력 향상!

재미있는 비주얼씽킹
만화, 사진으로
흥미로운 탐구 학습!

간편한 스케줄링
하루 6쪽, 주 5일, 4주 학습
한 학기 공부습관 완성!

똑똑한 하루 사회

어떤 책인지 알면 공부가 더 재미있어.

똑똑한 하루 사회 구성과 특징

핵심 용어

세계의 모습과 기후
1주에는 무엇을 공부할까? ❷
세계 지도
지구본
대륙
대양
디지털 영상 지도
기후
유목

- 핵심 용어만 쏙!
- 한자와 예문으로 이해 쏙쏙!
- 그림으로 기억력 UP!

1일~4일 학습

개념 동영상

빠른 정답 보기

❶ 개념 만화
다양한 공간 표현물

❷ 개념 익히기
개념 동영상
개념 익히기

❸ 개념 확인하기
빠른 정답 보기
개념 확인하기

- '❶ 개념 만화 → ❷ 개념 익히기 → ❸ 개념 확인하기' 3단계로 하루 학습
- 하루 6쪽, 4주면 한 학기 공부 끝!

5일 마무리 학습

❶ 핵심 개념

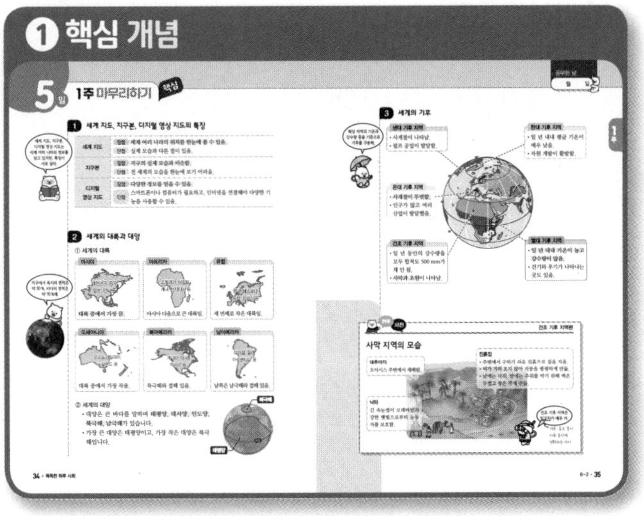
5일 1주 마무리하기 핵심
세계 지도, 지구본, 디지털 영상 지도의 특징
세계의 대륙과 대양
세계의 기후
사막 지역의 모습

❷ 문제

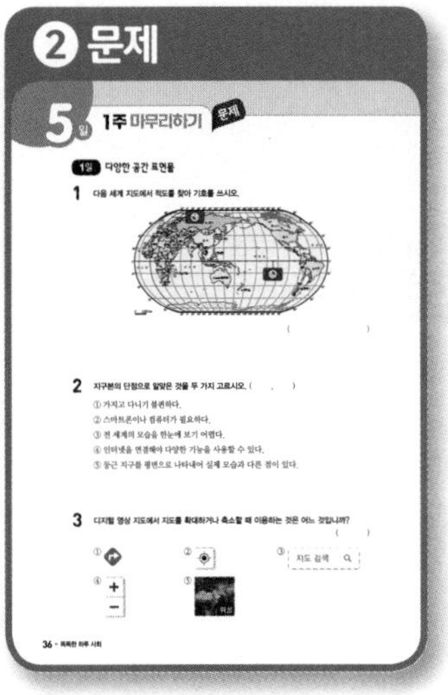
5일 1주 마무리하기 문제

- '❶ 핵심 개념 → ❷ 문제' 2단계로 하루 학습

특강

누구나 100점 TEST

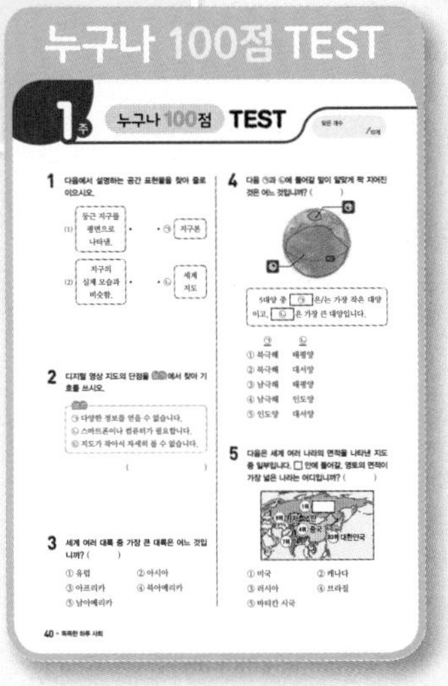
1주 누구나 100점 TEST

생활 속 사회 / 사고 쑥쑥 / 논리 탄탄

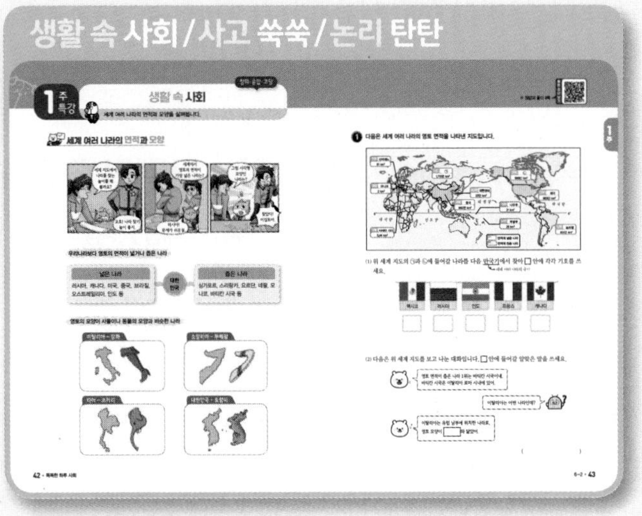
1주 특강 생활 속 사회
세계 여러 나라의 면적과 모양

- 한 주에 배운 내용을 확인하는 누구나 100점 맞는 TEST
- 재미있고 새로운 유형의 특강으로 창의력, 사고력, 논리력 UP!

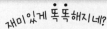

재미있게 똑똑해지네?

하루하루
조금씩 기초부터 쌓다 보면 어느새 자신감이 생겨.

똑똑한 하루 사회 **차례**

1주

세계의 모습과 기후

2주

세계 여러 나라의 환경과 생활 모습

한반도의 미래와 통일

3주

지구촌 평화와 지속 가능한 지구촌

4주

똑똑한 하루 사회를 함께할 친구들

플래시

정의감에 불타는
우주 은하국의
형사

예홍주

플래시와 함께
임무 수행에 나선
6학년 학생

퀵

질투가 많은,
플래시의
수사 파트너

스톰

지구를 엉망으로
만들고 싶은
날씨 도둑

1주 세계의 모습과 기후

1주에는 무엇을 공부할까? ①

삐~
삐~
무슨 일이에요?
스톰의 위치를 찾았나 봐.
와
와
지금 스톰은 영국에 있는 축구장에 있어.
영국은 유럽에 있는 나라잖아요.
흐음, 유럽이라면…….
유럽은 다른 대륙에 비해 면적은 좁지만 영국, 독일, 프랑스 등 많은 나라가 있어요.
세계의 대륙과 대양
북극해
유럽
아시아
북아메리카
대서양
태평양
적도
아프리카
인도양
서양
남아메리카
오세아니아
남극해
2,000 km
착
우와
세계의 기후
열대 기후
냉대 기후
건조 기후
한대 기후
온대 기후
고산 기후
좋아!
날씨 도둑 스톰은 분명 날씨를 가지고 문제를 일으킬 텐데…….
그럼 세계의 다양한 기후에 대해서도 알아볼까요?

세계에는 지역별로
다양한 기후가 나타나.

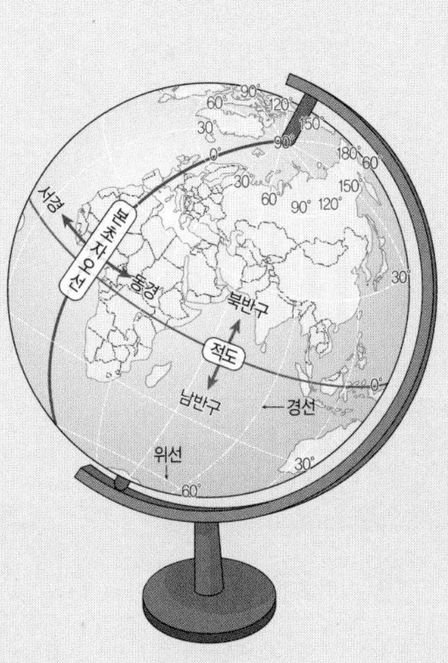
서경
본초 자오선
동경
북반구
적도
남반구
경선
위선
▲ 지구본

▲ 한대 기후 지역의 모습

지구본
세계 지도
공간 표현물
디지털 영상 지도

세계

기후
한대 기후
냉대 기후
온대 기후
열대 기후
건조 기후

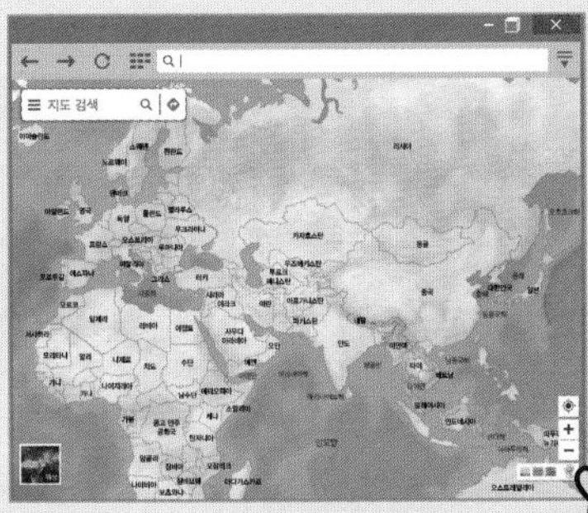
▲ 디지털 영상 지도

와, 다양한
정보를 얻을
수 있어.

▲ 열대 기후 지역의 모습

다양한 자료를 활용해
세계 여러 나라와 기후에
대해 알아볼까?

1주 핵심 용어

1주에는 무엇을 공부할까? ❷

세계 지도

世 界
인간 세 지경 계

地 圖
땅 지 그림 도

뜻 둥근 지구를 평면으로 나타낸 지도

예 **세계 지도**에 나타난 위도와 경도를 이용하면 여러 나라의 위치를 숫자로 정확하게 나타낼 수 있다.

지구본

전 세계의 모습을 한눈에 보기 어렵구나.

地 球 本
땅 지 공 구 근본 본

뜻 실제 지구의 모습을 아주 작게 줄인 모형

예 **지구본**은 실제 지구처럼 생김새가 둥글고, 자유롭게 돌려 볼 수 있다.

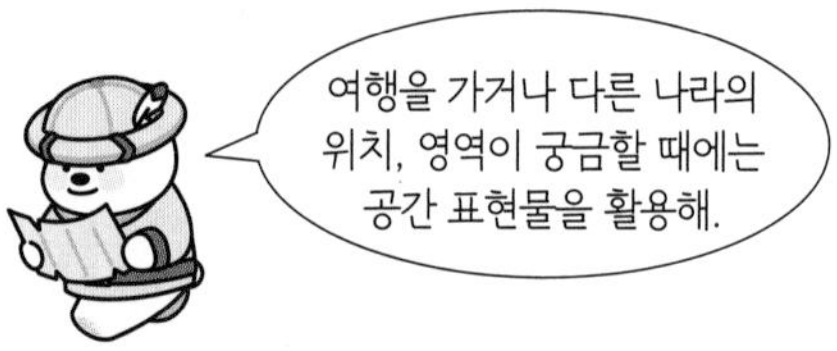
여행을 가거나 다른 나라의 위치, 영역이 궁금할 때에는 공간 표현물을 활용해.

디지털 영상 지도

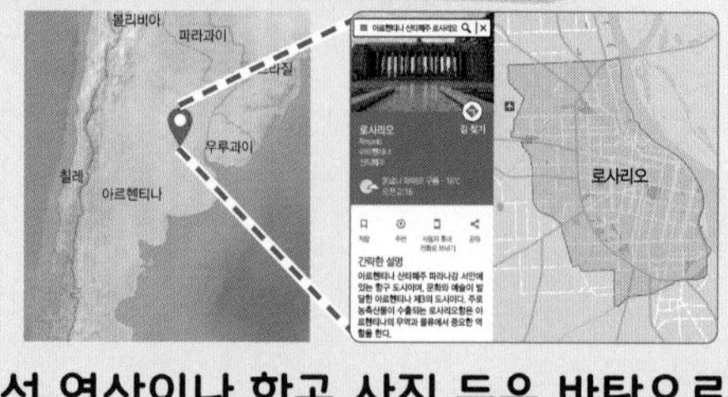
볼리비아
파라과이
칠레
아르헨티나
우루과이
로사리오

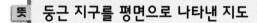

뜻 위성 영상이나 항공 사진 등을 바탕으로 스마트폰, 컴퓨터 등 다양한 기기에서 이용할 수 있도록 디지털 정보로 표현된 지도

예 **디지털 영상 지도**에는 다양한 정보가 연결되어 있다.

디지털 영상 지도구나.
디지털 영상 지도로 세계 여러 나라나 장소와 관련된 정보를 편리하게 찾을 수 있어요.
낑낑~
난 지구본을 가져 왔는데, 가지고 다니기 불편해.

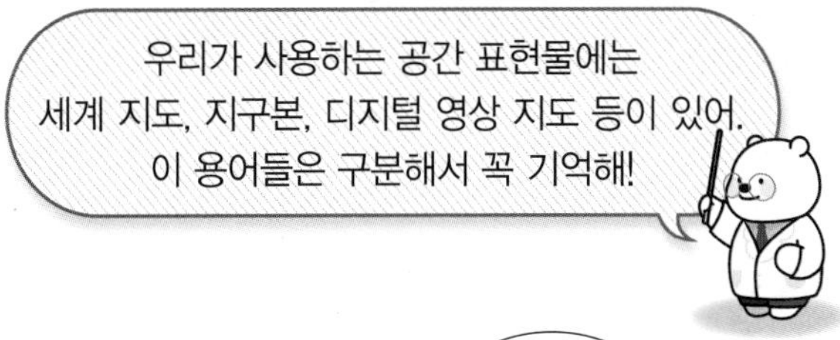
우리가 사용하는 공간 표현물에는
세계 지도, 지구본, 디지털 영상 지도 등이 있어.
이 용어들은 구분해서 꼭 기억해!

대륙

大陸

큰 대 뭍 륙

난 대륙 중에서
가장 큰 아시아야.

뜻 **바다로 둘러싸인 큰 땅덩어리**

예 세계에서 가장 큰 섬인 그린란드보다 면적이 넓으면 **대륙**이라고 한다.

대양

大洋

큰 대 큰 바다 양

남극해는
남극 대륙을
둘러싸고 있어.
남극해

뜻 **태평양, 대서양, 인도양, 북극해, 남극해와 같은 큰 바다**

예 아시아, 오세아니아, 아메리카 등의 대륙 사이에 있는 태평양은 **대양** 중에서 가장 크다.

사계절이 비교적 뚜렷한
우리나라는 온대 기후
지역에 속해.

기후

氣候

기운 기 기후 후

적도 부근은 열대
기후가 나타나.

뜻 **일정한 지역에서 여러 해에 걸쳐 나타나는 평균적인 날씨**

예 열대 **기후** 지역 중에는 연중(한 해 동안) 비가 많이 내려 밀림(큰 나무들이 빽빽하게 들어선 숲)을 이루는 곳이 있다.

유목

遊牧

떠돌 유 칠 목

뜻 **한곳에 살지 않고 물과 풀밭을 찾아 옮겨 다니면서 소, 양, 말 등의 가축을 기르는 일**

예 게르는 **유목** 생활을 하는 몽골 사람들이 사는 이동식 가옥(사람이 사는 집)이다.

1일 다양한 공간 표현물

우주에서 가장 빠르다고?

홍주! 안녕?
BUS STOP
반짝
반짝
누구시죠?
난 우주 은하국 에서 온…….
우와~!
거기 체험단 신청을 한 적이 있는데, 뽑힌 건가요?
뭐 그런 셈이지.
의심~
그럼 타고 온 우주선은 어디에 있어요?
난 우주선이 필요 없어. 위도와 경도만 알면 어디든 빠르게 갈 수 있거든.
으
쓱
위치를 알아도 어떻게 빠르게 움직여요?
처음엔 다들 그런 반응이지. 난 30분 전만 해도 남반구에 있었고, 적도를 지나 북반구로 올라왔어. 그리고 조금 전에 본초 자오선에서 이곳으로 온 거란다.
본초 자오선
적도
조금 전이요? 본초 자오선은 영국의 그리니치 천문대를 지나는 선으로 정한 거예요. 경도 0°의 선이라고요.
내 소개가 늦었군. 난 우주에서 가장 빠른, 우주 은하국 소속 형사 플래시라고 해.

용어 체크

적도

위도의 기준이 되는, 위도 0°의 선

예 북반구는 ❶ ______ 를 경계로 지구를 둘로 나누었을 때의 북쪽 부분을 말한다.

북반구
적도
남반구

본초 자오선

지구의 경도를 결정하는 데 기준이 되는 선

(경도: 지구상의 위치를 나타내기 위해 세로로 그은 경선들이 각각 몇 도인가를 나타낸 숫자)

예 경도 0°의 선을 ❷ ______ 이라고 한다.

정답 ❶ 적도 ❷ 본초 자오선

얼마나 빠른지 한번 볼까?

내 말을 못 믿는 것 같은데~ 보여 줄게. 어디로 갈까?
집이요! 집에 가서 체험단에 대해 더 듣고 싶어요.
집 주소를 알려 주면 위도와 경도를 검색할게.
아! 이것을 이용하면 얼마나 빨리 가는지 확인할 수 있지 않을까요?
다양한 정보를 얻을 수 있는 디지털 영상 지도인데, 내 위치를 살펴볼 수도 있거든요.
출발
15분
도착
집
도착지를 집으로 설정하면 여기에서 집까지 얼마나 빠르게 움직이는지 볼 수 있지 않을까요?
가능할지 모르겠지만, 디지털 영상 지도에서 우주 최강의 빠르기를 눈으로 한번 따라가 봐.
네!
빡
빡
준비됐니?
끄덕

용어 체크

디지털 영상 지도

위성 영상이나 항공 사진 등을 바탕으로 스마트폰, 컴퓨터 등 다양한 기기에서 이용할 수 있도록 디지털 정보로 표현된 지도

예 종이 지도와 달리 ❶ ________ 는 확대와 축소가 자유롭다.

정답 ❶ 디지털 영상 지도

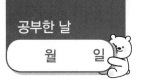

1 세계 지도와 지구본을 비교해 볼까?

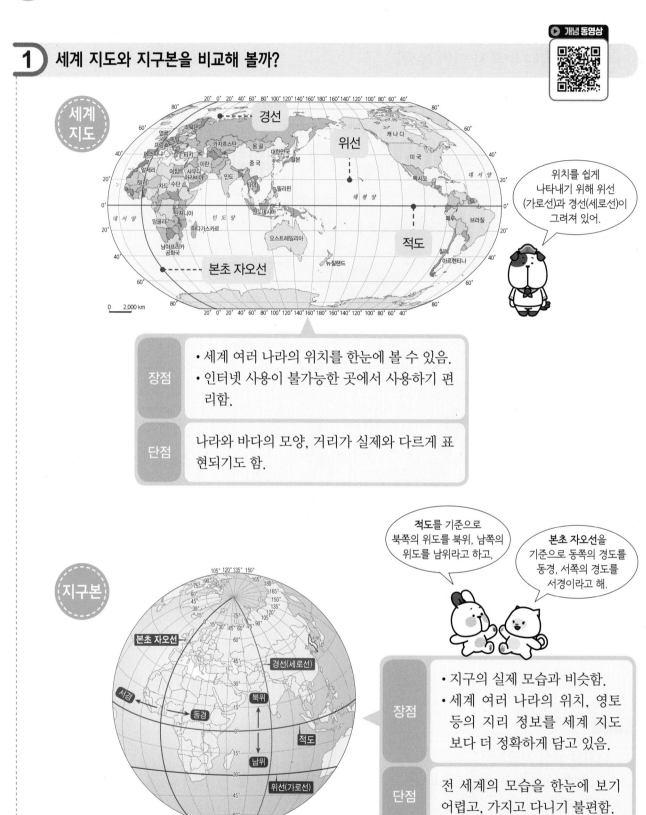

개념 동영상

세계 지도

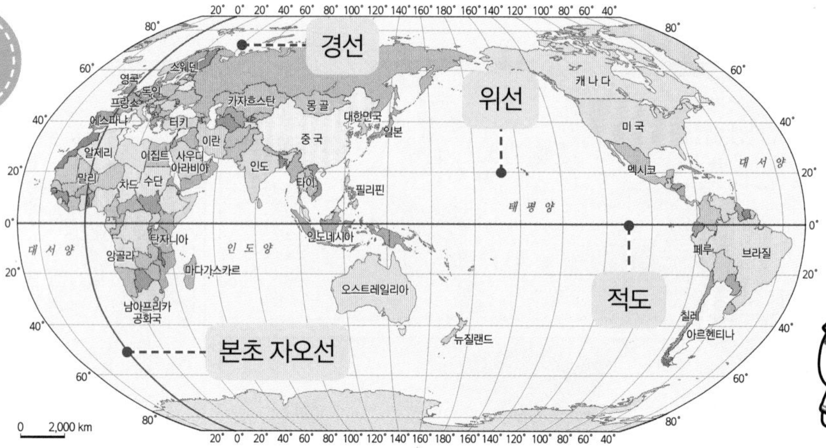

경선
위선
적도
본초 자오선
영국
스웨덴
프랑스
독일
에스파냐
터키
카자흐스탄
몽골
대한민국
일본
중국
이란
이집트
사우디아라비아
인도
알제리
말리
차드
수단
타이
필리핀
캐나다
미국
멕시코
탄자니아
앙골라
마다가스카르
인도네시아
오스트레일리아
남아프리카 공화국
뉴질랜드
페루
브라질
칠레
아르헨티나
대서양
인도양
태평양
0 2,000 km

위치를 쉽게 나타내기 위해 위선(가로선)과 경선(세로선)이 그려져 있어.

장점	• 세계 여러 나라의 위치를 한눈에 볼 수 있음. • 인터넷 사용이 불가능한 곳에서 사용하기 편리함.
단점	나라와 바다의 모양, 거리가 실제와 다르게 표현되기도 함.

지구본

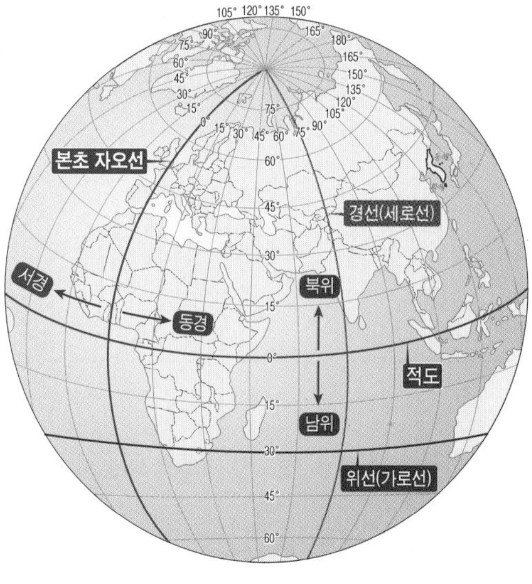

본초 자오선
경선(세로선)
서경
동경
북위
적도
남위
위선(가로선)

적도를 기준으로 북쪽의 위도를 북위, 남쪽의 위도를 남위라고 하고,
본초 자오선을 기준으로 동쪽의 경도를 동경, 서쪽의 경도를 서경이라고 해.

장점	• 지구의 실제 모습과 비슷함. • 세계 여러 나라의 위치, 영토 등의 지리 정보를 세계 지도보다 더 정확하게 담고 있음.
단점	전 세계의 모습을 한눈에 보기 어렵고, 가지고 다니기 불편함.

☑ 세계 지도는 ❶(둥근 / 네모난) 지구를 평면으로 나타낸 것이고, 지구본은 실제 지구의 모습을 아주 작게 줄인 모형입니다.

2 디지털 영상 지도는 어떤 특징을 가지고 있을까?

세계 지도나 지구본에서 찾기 어려운 다양한 정보를 얻을 수 있어.

검색창에 찾고자 하는 장소를 입력하면 지도에서 위치를 찾을 수 있음.

지도 검색
아이슬란드
스웨덴
핀란드
노르웨이
덴마크
아일랜드
영국
독일
폴란드
벨라루스
우크라이나
프랑스
오스트리아
루마니아
이탈리아
포르투갈
에스파냐
그리스
터키
지중해
모로코
알제리
리비아
이집트
서사하라
모리타니
말리
니제르
차드
수단
기니
가나
나이지리아
남수단
에티오피아
가봉
콩고 민주 공화국
케냐
소말리아
탄자니아
앙골라
잠비아
모잠비크
나미비아
짐바브웨
보츠와나
마다가스카르
시리아
이라크
이란
사우디 아라비아
오만
예멘
아덴만
아라비아해
카자흐스탄
우즈베키스탄
투르크메니스탄
아프가니스탄
파키스탄
인도
네팔
벵골만
미얀마
타이
베트남
몽골
중국
대한민국
동해
황해
동중국해
남중국해
오호츠크해
아라푸라해
오스트레일리아
위성

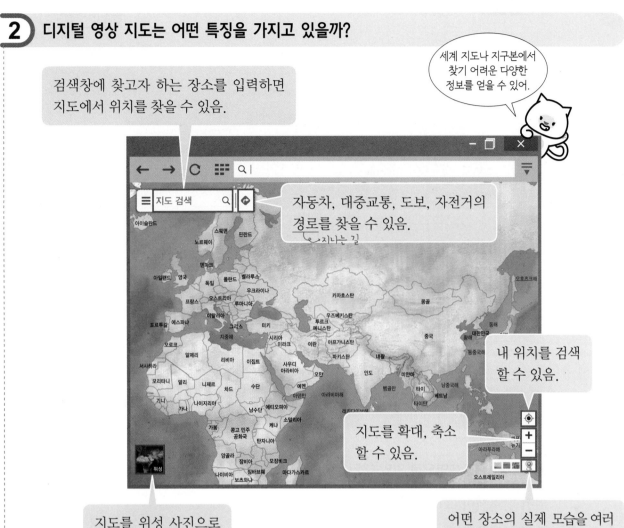

자동차, 대중교통, 도보, 자전거의 경로를 찾을 수 있음.
(경로: 지나는 길)

내 위치를 검색할 수 있음.

지도를 확대, 축소할 수 있음.

지도를 위성 사진으로 바꿔 볼 수 있음.

어떤 장소의 실제 모습을 여러 각도에서 살펴볼 수 있음.

디지털 영상 지도는 스마트폰, ❷(지구본 / 컴퓨터) 등의 기기에서 이용할 수 있도록 디지털 정보로 표현된 지도로, 다양한 정보가 연결되어 있습니다.

정답 ❶ 둥근 ❷ 컴퓨터

개념 체크

정답과 풀이 1쪽

1 세계 지도를 활용하면 세계 여러 나라의 위치를 한눈에 볼 수 □□□□.

2 지구본은 가지고 다니기 □□합니다.

3 디지털 영상 지도를 이용하면 내 □□을/를 검색할 수 있습니다.

보기
- 있습니다
- 없습니다
- 편리
- 불편
- 이름
- 위치

1일 개념 확인하기

정답과 풀이 1쪽

1 다음 세계 지도에서 세로선인 ㉠과 가로선인 ㉡은 각각 무엇인지 쓰시오.

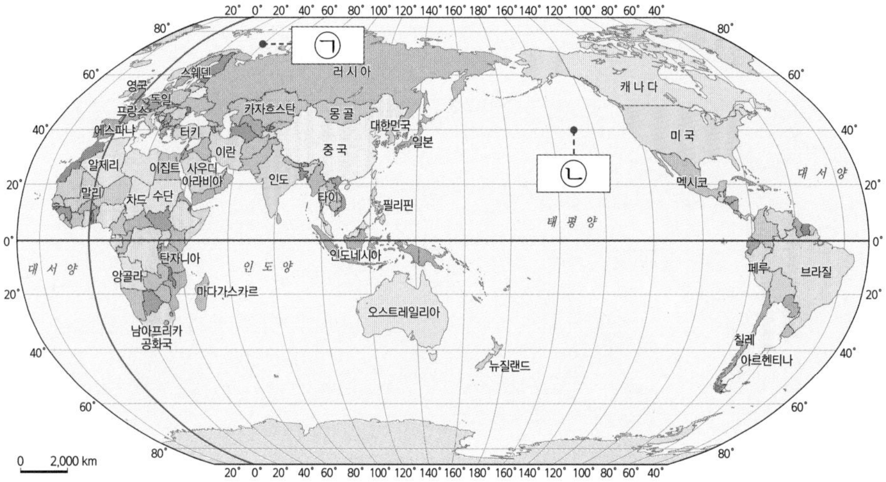

㉠
㉡
러시아
캐나다
스웨덴
영국
독일
프랑스
에스파냐
터키
카자흐스탄
몽골
대한민국
일본
중국
미국
이란
알제리
이집트
사우디아라비아
인도
멕시코
말리
차드
수단
타이
필리핀
탄자니아
인도네시아
앙골라
마다가스카르
페루
브라질
오스트레일리아
남아프리카 공화국
칠레
아르헨티나
뉴질랜드
대서양
인도양
태평양
0 2,000 km

㉠ (　　　　　　　　　) ㉡ (　　　　　　　　　)

2 세계 지도에 대한 설명으로 알맞지 않은 것은 어느 것입니까? (　　　)

① 위선과 경선이 그려져 있다.

② 둥근 지구를 평면으로 나타낸 것이다.

③ 전 세계의 모습을 한눈에 보기 어렵다.

④ 인터넷 사용이 불가능한 곳에서 사용하기 편리하다.

⑤ 나라와 바다의 모양이 실제와 다르게 표현되기도 한다.

3 오른쪽 자료에 대해 알맞게 이야기한 어린이를 두 명 고르시오. (　　,　　)

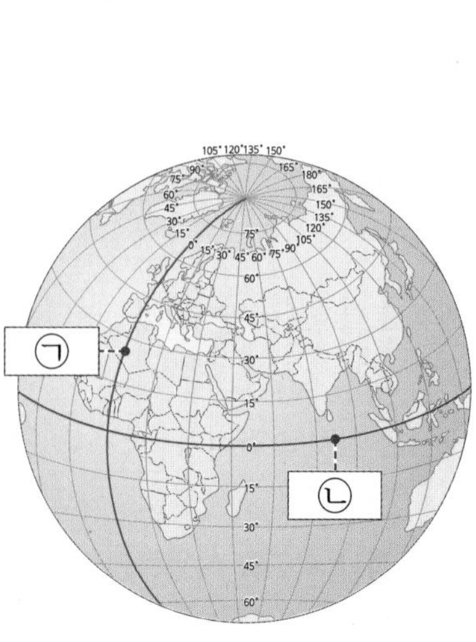

㉠
㉡

① 민혁 : 지구본이야.

② 채율 : 가지고 다니기 편리해.

③ 우석 : 지구의 실제 모습과 비슷해.

④ 아인 : ㉠은 경도 0°의 선인 적도야.

⑤ 다빈 : ㉡은 위도 0°의 선인 본초 자오선이야.

4 다음에서 설명하는 공간 표현물을 보기 에서 찾아 기호를 쓰시오.

- 위성 영상이나 항공 사진 등을 바탕으로 스마트폰, 컴퓨터 등 다양한 기기에서 이용할 수 있도록 디지털 정보로 표현된 지도입니다.
- 다양한 정보가 연결되어 있습니다.

보기

㉠ 지구본　　　㉡ 세계 지도　　　㉢ 디지털 영상 지도

(　　　　　　　　　)

집중 연습 문제 디지털 영상 지도의 기능

5 디지털 영상 지도에 있는 오른쪽 기능을 사용하는 때는 언제입니까? (　　　　)

+
−

① 대중교통의 경로를 찾을 때
② 지도를 확대하거나 축소할 때
③ 어떤 장소의 위치를 검색할 때
④ 지도를 위성 사진으로 바꿔 볼 때
⑤ 어떤 장소의 실제 모습을 여러 각도에서 살펴볼 때

디지털 영상 지도에서 검색창과 여러 개의 아이콘을 볼 수 있어.

6 다음 디지털 영상 지도에서 '내 위치 검색'과 관련 있는 아이콘을 찾아 기호를 쓰시오.

㉠
㉡
위성
㉢

(　　　　　　　　　)

㉠~㉢ 중 지도를 위성 사진으로 바꿔 볼 수 있는 아이콘을 찾아 기호를 써 볼까?

2일 대륙과 대양, 그리고 국가들

5대양 6대륙 어디든 갈 수 있어!

와~ 5초도 안 걸렸어요.
이제 내 능력은 검증된 것 같은데, 다음 이야기를 해 볼까?
휙
으쓱
체험단에 뽑힌 건 아니고, 지구 곳곳을 다니면서 형사님을 도와달라는 거네요?
난 지구가 처음이라 도움이 필요하거든.
'집 밖은 위험해!' 라고 생각하는데, 같이 가고도 싶고…….
나와 함께 지구의 모든 곳을 안전하게 갈 수 있을 거야!
북극해나 남극해도요?
당연하지. 5대양 6대륙 어디든!
좋아요!
그럼 아시아, 아프리카, 유럽, 오세아니아, 북아메리카, 남아메리카 중 어느 대륙부터 갈까?
아는 걸 얘기하는 걸까? 아니면 진짜 다 가겠다는 걸까?
삐 삐 삐~
우리의 첫 목적지가 정해졌어.

용어 체크

대양

세계의 해양(넓고 큰 바다) 가운데 특히 넓고 큰 바다

예 태평양, 대서양, 인도양, 북극해, 남극해를 5 ❶ [　　] 이라고 한다.

대륙

바다로 둘러싸인 큰 땅덩어리

예 아시아는 우리나라가 속해 있는 ❷ [　　] 이다.

정답 ❶ 대양 ❷ 대륙

바티칸 시국에 문제가 생겼어!

이탈리아에 대해 들어 본 적 있니?
이탈리아는 유럽 남부에 있는 나라로, 영토 모양이 장화와 닮았잖아요.
이곳은 이탈리아 로마 시내에 있는, 세계에서 면적이 가장 좁은 나라 바티칸 시국이야. 갑자기 쏟아진 폭우로 물에 잠겼어.
쏴
아―
폭우로 위험한 이곳에 왜 온 거예요?
지금 이 이상 기후는 우주 은하국에서 발생한 문제 때문이지. 난 플래시의 동료이자 수사 파트너 우주 고양이 퀵이라고 해.
귀여워!
칭찬은 고맙지만, 우리 친해지진 말자. 난 플래시와 둘이 수사하는 걸 좋아하거든.
오케이! 적당한 거.리.두.기!
일단 물에 잠긴 이곳에서 벗어날까? 도착지의 좌표를 보낼게.
삑 삑!
먼저 출발할게.
쌩 ~!
우리도 갈까?
우와!

용어 체크

바티칸 시국 (하나의 '시'만으로 이루어진 국가)

이탈리아의 로마 시 안에 있는, 세계에서 가장 작은 독립국

예 세계에서 영토의 면적이 가장 좁은 나라는 ❶ [　　　　] 으로 면적이 약 0.44 km^2이다.

정답 ❶ 바티칸 시국

2일 개념 익히기

개념 동영상

1 세계의 여러 대륙과 대양을 살펴볼까?

유럽
다른 대륙에 비해 면적은 좁지만 많은 나라가 있음.

아시아
가장 큰 대륙으로 세계 육지 면적의 약 30 %를 차지함.

북아메리카
- 북반구에 속해 있음.
- 북극해와 접해 있음.

아프리카
- 아시아 다음으로 큰 대륙임.
- 북반구와 남반구에 걸쳐 있음.

오세아니아
- 대륙 중 가장 작음.
- 남반구에 있음.

남아메리카
- 대부분 남반구에 속해 있음.
- 남쪽은 남극해와 접해 있음.

대륙

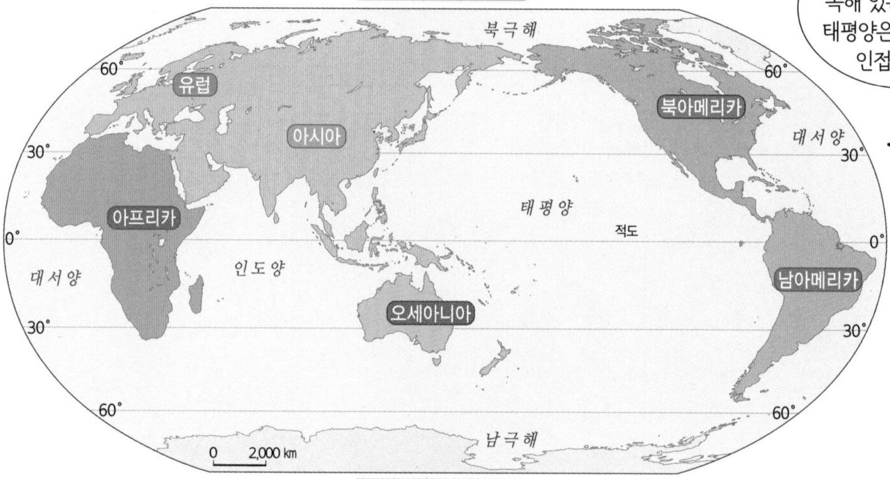

북극해
60°
유럽
아시아
북아메리카
대서양
30°
아프리카
태평양
적도
0°
대서양
인도양
남아메리카
오세아니아
30°
60°
남극해
0
2,000 km

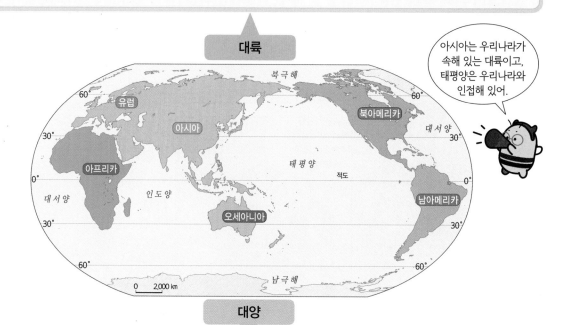

아시아는 우리나라가 속해 있는 대륙이고, 태평양은 우리나라와 인접해 있어.

대양

가장 큰 대양은 태평양이고, 가장 작은 대양은 북극해야.

태평양
아시아, 오세아니아, 아메리카 등의 대륙 사이에 있음.

북극해
아시아, 유럽, 북아메리카에 둘러싸여 있음.

대서양
아프리카, 유럽, 아메리카 등에 둘러싸여 있음.

인도양
아시아, 아프리카, 오세아니아 등에 인접해 있음.
(인접: 가까이 있거나 바로 옆에 닿아 있음.)

남극해
남극 대륙을 둘러싸고 있음.

세계에는 아시아, 유럽, 아프리카, 북아메리카, 남아메리카, 오세아니아 ❶(대륙 / 대양)이 있고 태평양, 대서양, 인도양, 북극해, 남극해와 같은 ❷(대륙 / 대양)이 있습니다.

2 세계 여러 나라의 면적과 모양을 살펴볼까?

세계 여러 나라의 면적

우리나라 영토의 면적과 비슷한 나라에는 라오스, 가이아나 등이 있어.

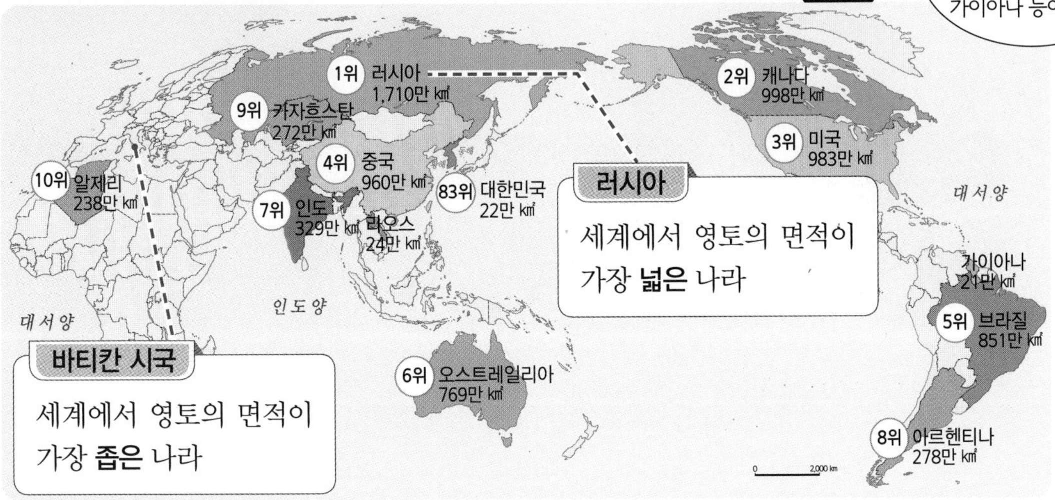

1위 러시아 1,710만 ㎢
9위 카자흐스탄 272만 ㎢
4위 중국 960만 ㎢
10위 알제리 238만 ㎢
7위 인도 329만 ㎢
라오스 24만 ㎢
83위 대한민국 22만 ㎢
2위 캐나다 998만 ㎢
3위 미국 983만 ㎢
대서양
인도양
대서양
가이아나 21만 ㎢
5위 브라질 851만 ㎢
6위 오스트레일리아 769만 ㎢
8위 아르헨티나 278만 ㎢
러시아
세계에서 영토의 면적이 가장 **넓은** 나라
바티칸 시국
세계에서 영토의 면적이 가장 **좁은** 나라
0 2,000 km

세계 여러 나라의 모양

아르헨티나
볼리비아
파라과이
우루과이
칠레
아르헨티나
태평양
대서양
남북으로 길게 뻗은 모양임.

사우디아라비아
이스라엘
요르단
이라크
이란
쿠웨이트
파키스탄
이집트
바레인
카타르
사우디아라비아
아랍 에미리트
오만
수단
에리트레아
예멘
지부티
에티오피아
소말리아
남수단
나라와 나라 사이의 경계선
국경선이 단조로운 편임.

세계 여러 나라는 영토의 면적과 모양이 서로 ❸ (갈습니다 / 다릅니다).

정답 ❶ 대륙 ❷ 대양 ❸ 다릅니다

개념 체크

정답과 풀이 1쪽

1 오세아니아는 □□□에 있습니다.

2 가장 작은 대양은 □□□입니다.

3 세계에서 영토의 면적이 가장 넓은 나라는 □□□입니다.

보기
- 북반구
- 남반구
- 북극해
- 태평양
- 러시아
- 캐나다

2일 개념 확인하기

○ 정답과 풀이 1쪽

빠른 정답 보기

[1~2] 다음 세계 지도를 보고, 물음에 답하시오.

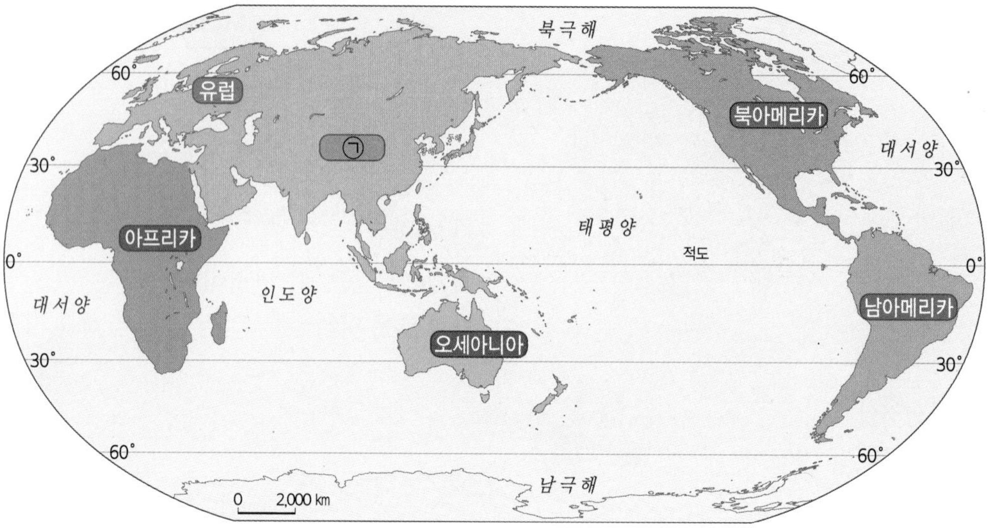

북극해
유럽
㉠
북아메리카
대서양
아프리카
태평양
적도
인도양
대서양
오세아니아
남아메리카
남극해
0 2,000 km
60°
30°
0°

1 위 ㉠에 들어갈 대륙은 무엇인지 쓰시오.

( )

2 위 세계 지도를 보고 알맞게 말하지 <u>않은</u> 어린이는 누구입니까? ( )

① 다솔 : 오세아니아는 남반구에 있어.
② 지환 : 북아메리카는 북반구에 속해 있어.
③ 찬규 : 유럽은 아프리카보다 면적이 넓어.
④ 은성 : 남아메리카의 남쪽은 남극해와 접해 있어.
⑤ 소민 : 아프리카는 북반구와 남반구에 걸쳐 있어.

3 우리나라와 인접해 있는, 가장 큰 대양은 어느 것입니까? ( )

① 남극해 ② 북극해 ③ 대서양
④ 인도양 ⑤ 태평양

4 세계에서 영토의 면적이 가장 좁은 나라는 어디입니까? (　　　　)

① 인도　② 브라질　③ 대한민국

④ 바티칸 시국　⑤ 오스트레일리아

5 다음 지도를 보고, (　　) 안의 알맞은 말에 ○표를 하시오.

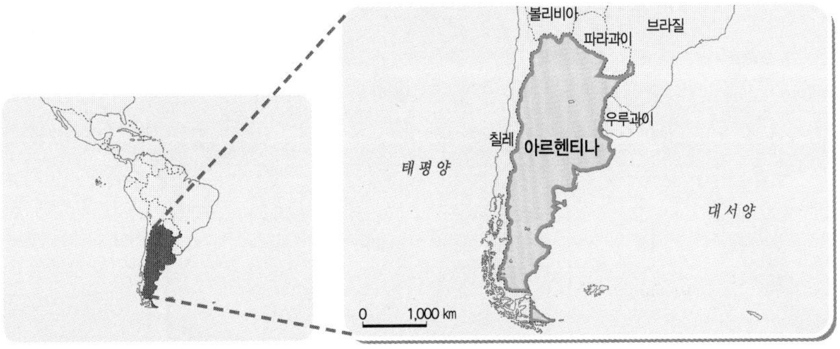
볼리비아
브라질
파라과이
우루과이
칠레
아르헨티나
태평양
대서양
0 1,000 km

아르헨티나의 영토는 (동서 / 남북)(으)로 길게 뻗은 모양입니다.

똑똑한 하루 퀴즈

6 세계에서 영토의 면적이 가장 넓은 나라 1~4위를 사다리를 타고 내려가 찾으려고 해요. ㉠에 들어갈 나라는 어디인지 쓰세요.

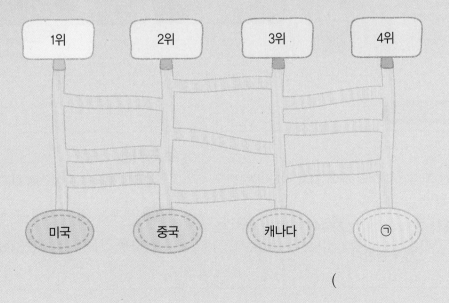

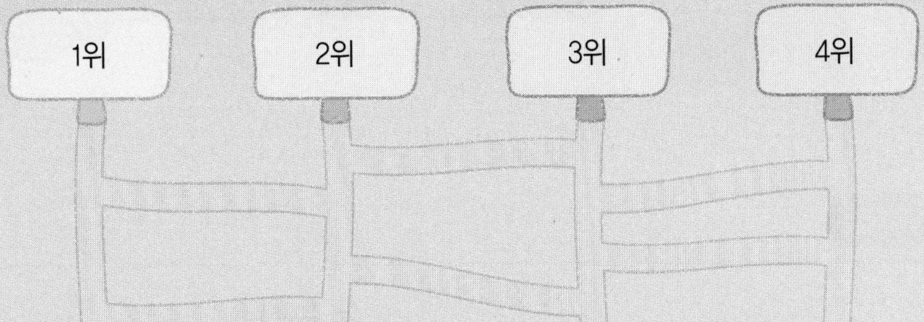
1위
2위
3위
4위
미국
중국
캐나다
㉠

(　　　　　　　　)

3일 기후와 생활 모습 ❶

이게 다 스톰 때문이야!

지금 지구인과 다정하게 손잡고 온 거야?
끼
익
홍주는 우리처럼 빠르지 않잖아.
그런가? 그렇다면 내가 이해할게.
톡
톡
지금 기후에 문제가 생긴 것은 우주 은하국에서 탈옥한 도둑 때문이야. 날씨 도둑 스톰!
삑!
스톰은 지구의 날씨를 훔친 후 숨겨 뒀는데, 지금 그 날씨를 찾아서 봉인을 해제하고 있어.
그래서 바티칸 시국에 많은 비가 온 거군요.
응. 이상 기후를 통해 혼란을 주려는 게 스톰의 목적이거든. 자신의 힘으로 혼란을 극대화시키려고 해.
다양한 기후를 엉망으로 만들면 사람들이 살기 힘들 텐데…….
그래. 기후는 인간의 생산 활동이나 생활 방식에 영향을 주니까.
한대 기후가 나타나는 극지방의 빙하가 모두 녹는다고 생각만 해도 끔찍해요.
삐
삐
삐
삐
이상 기후 발생!!

용어 체크

기후

일정한 지역에서 여러 해에 걸쳐 나타나는 평균적인 날씨

예 해당 지역의 기온, 강수량 등을 기준으로 ❶ [ ] 를 구분한다.

극지방

남극과 북극을 중심으로 한 그 주변 지역

예 세계는 적도 지방에서 ❷ [ ] 으로 갈수록 기온이 점차 낮아진다.

정답 ❶ 기후 ❷ 극지방

이곳이 이상해졌어!

쟁
여긴 적도 부근으로, 일 년 내내 기온이 높은 열대 기후 지역이야.
쨍
헥 헥
불이 났었나 봐!
열대 기후 지역에서는 전통적으로 숲을 태워 만든 밭에 작물을 재배했어요. 땅이 척박해지면 새로운 밭을 만들려고 이동하고요. 이동식 화전 농업이라고 하죠.
여기는 비가 많이 오는 곳인데 뭔가 이상해.
마치 몇 년 동안 비가 오지 않은 것처럼 식물이 모두 말랐어. 스톰의 짓이야.
찰칵!
찰칵!
시들~
시들~
사파리
사파리 관광을 할 수 있나 봐요. 차를 타고 주변을 살펴볼까요?
퀵은 동물들과 대화할 수 있어. 지구상의 모든 동물이 퀵의 정보원이지.
예상대로 이곳에 갑자기 비가 안 오고, 평소보다 기온이 많이 올라갔대.
부들
부들
스톰! 잡고 말겠어.

용어 체크

화전 농업

火	田
불	밭
화	전

밭을 만들기 위해 숲을 태우고 그 남은 재를 이용해 농작물을 기르는 농업 방식

예 토양이 척박한(땅이 기름지지 못하고 몹시 메마른) 곳에서는 ❶ [ ] 으로 농작물을 재배하기도 한다.

사파리

야생 동물을 놓아기르는 자연공원에 차를 타고 다니며 차 안에서 구경하는 일

예 나는 아프리카 여행하면 ❷ [ ] 체험이 먼저 생각난다.

정답 ❶ 화전 농업 ❷ 사파리

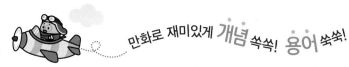

3일 개념 익히기

개념 동영상

1 지역별로 어떤 기후가 나타날까?

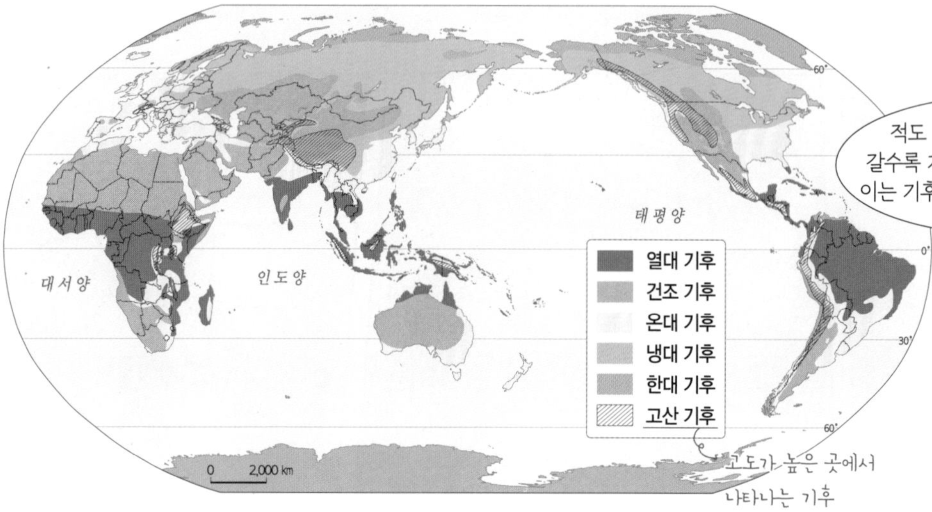

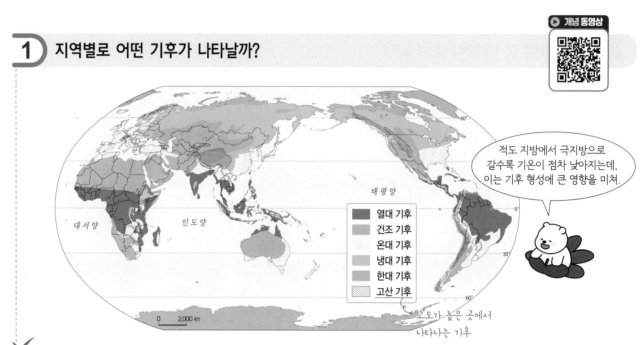

대서양
인도양
태평양
열대 기후
건조 기후
온대 기후
냉대 기후
한대 기후
고산 기후
60°
0°
30°
0 2,000 km

고도가 높은 곳에서 나타나는 기후

적도 지방에서 극지방으로 갈수록 기온이 점차 낮아지는데, 이는 기후 형성에 큰 영향을 미쳐.

태양의 열을 많이 받는 적도 부근은 ❶(냉대 / 열대) 기후가 나타나고, 태양열을 적게 받는 극지방 부근은 한대 기후가 나타납니다.

2 열대 기후는 사람들의 생활 모습에 어떤 영향을 미쳤을까?

열대 기후

- 일 년 내내 기온이 높고 강수량이 많음.
- 건기와 우기가 나타나는 곳도 있음.

일 년 중 비가 많이 오는 시기

기후가 건조한 시기

열대 기후는 적도를 중심으로 한 저위도 지역에 널리 나타나.

화전 농업 방식으로 얌, 카사바 등을 재배했음.

바나나, 커피 등 열대 작물을 재배함.

사파리 관광 산업이 발달함.

열대 기후 지역에서는 바나나, 기름야자, 커피를 대규모로 재배하며 생태 관광 산업도 발달하고 있습니다.

3 건조 기후는 사람들의 생활 모습에 어떤 영향을 미쳤을까?

건조 기후

연 강수량이 500 mm가 채 안 될 정도로 비가 내리지 않음.

강수량: 한 해 동안 일정한 지역에 비, 눈 등의 형태로 내린 물의 총량

강수량이 매우 적은 **사막 지역**

▲ 나일강 주변의 농경지

오아시스나 나일강과 같은 강 주변에서 농사를 지음.

▲ 진흙집

사막에서 구하기 쉬운 진흙으로 집을 지음.

약간의 비나 눈이 내려 짧은 풀이 자라는 **초원 지역**

▲ 몽골 초원에서 집(게르)을 짓는 모습

물과 풀을 찾아 가축과 함께 이동하는 **유목 생활**을 하며 살아감.

게르는 쉽고 빠르게 조립·분해할 수 있어 유목 생활에 유리해.

사막 지역의 사람들은 오아시스나 강 주변에서 농사를 지으며 살아가고, 초원 지역의 사람들은 전통적으로 물과 풀을 찾아 가축과 함께 이동하는 ❷(유목 / 정착) 생활을 하며 살아갑니다.

정답 ❶ 열대 ❷ 유목

개념 체크

정답과 풀이 2쪽

1 태양열을 ☐☐ 받는 극지방 부근은 한대 기후가 나타납니다.

2 열대 기후 지역은 일 년 내내 기온이 ☐☐ 강수량이 많습니다.

3 사막 지역의 사람들은 ☐ 주변에서 농사를 지으며 살아갑니다.

보기
- 많이
- 적게
- 높고
- 낮고
- 강
- 산

3일 개념 확인하기

○ 정답과 풀이 2쪽
빠른 정답 보기

1 세계 기후 분포가 나타난 다음 세계 지도를 보고, ㉠과 ㉡에 들어갈 알맞은 말을 각각 쓰시오.

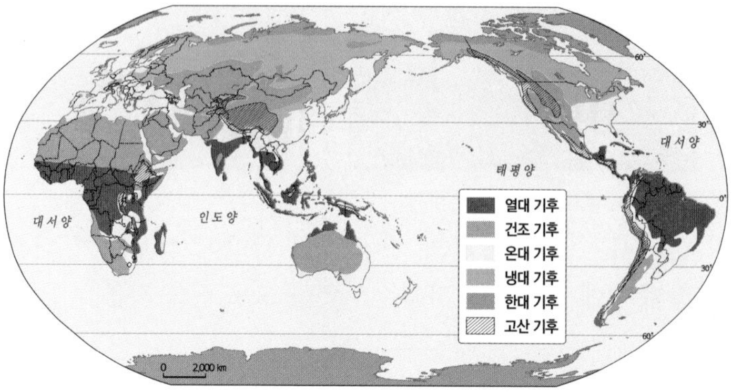

대서양
인도양
태평양
대서양
열대 기후
건조 기후
온대 기후
냉대 기후
한대 기후
고산 기후
0 2,000 km

> 적도 부근은 ㉠ 기후가 나타나고, 극지방 부근은 ㉡ 기후가 나타납니다.

㉠ (　　　　　　　　) ㉡ (　　　　　　　　)

2 열대 기후 지역 사람들의 생활 모습과 거리가 먼 사진을 찾아 ○표를 하시오.

(1)

▲ 바나나 등을 재배함.

(　　　　)

(2)

▲ 진흙집에서 생활함.

(　　　　)

(3)

▲ 관광 산업이 발달함.

(　　　　)

3 다음 설명과 관련 있는 지역은 어디입니까? (　　　)

> 아프리카 사하라처럼 강수량이 매우 적어 사막이 널리 나타나는 곳도 있고, 중앙아시아처럼 약간의 비나 눈이 내려 초원이 넓게 나타나는 곳도 있습니다.

① 건조 기후 지역
② 냉대 기후 지역
③ 열대 기후 지역
④ 온대 기후 지역
⑤ 한대 기후 지역

4 건조 기후 지역에 대한 설명으로 알맞은 것을 두 가지 고르시오. (　　,　　)

① 일 년 내내 비가 많이 내린다.
② 커피, 바나나, 기름야자를 대규모로 재배한다.
③ 적도를 중심으로 한 저위도 지역에 널리 나타난다.
④ 사막 지역의 사람들은 오아시스나 강 주변에서 농사를 짓는다.
⑤ 초원 지역의 사람들은 가축과 함께 이동하는 유목 생활을 하며 살아간다.

집중 연습 문제 열대 기후

5 열대 기후에 대한 설명으로 알맞은 것을 보기에서 찾아 기호를 쓰시오.

보기
㉠ 남극 대륙에서 주로 나타나는 기후입니다.
㉡ 일 년 내내 기온이 높고 강수량이 많습니다.
㉢ 일 년 동안의 강수량을 모두 합쳐도 500 mm가 채 안 될 정도로 비가 내리지 않습니다.

(　　　　　　　　)

㉠~㉢은
어떤 기후와 관련
있는지 써 볼까?

- ㉠ → ◯◯ 기후
- ㉡ → ◯◯ 기후
- ㉢ → ◯◯ 기후

6 열대 기후 지역의 농업과 관련하여 다음 □ 안에 들어갈 알맞은 말을 쓰시오.

열대 기후 지역에서는 전통적으로 □ 농업 방식을 활용해 카사바, 얌 등을 재배했습니다.

(　　　　　　　　)

비가 많이 내리면
토양 속의 영양분이
빠져나가서 땅이 척박해.
그래서 숲을 태워서
밭을 만든대.

4일 기후와 생활 모습 ❷

다음 행선지는 지중해!

지구는 지역별로 다양한 기후가 나타나서 좋아. 추울 땐 열대 기후 지역에 갔다가 더워지면 이렇게 극지방에 와서 더위도 식히고~
띠용
○○신문
드디어 기사가 났네! 근심 가득한 인간들을 생각하니 기분이 좋은 걸. 다음에는 어디를 갈까?
도시가 물에 잠기다!
지! 중! 해! 여기가 좋겠어. 온대 기후가 나타나는 지중해 주변을 가는 거야.
이벤트
지중해의 여름철은 기온이 높지만, 강수량이 적어 습하지 않고 쾌적하잖아. 그리고 올리브, 포도를 많이 재배하니까 올리브와 와인도 사야지.
Wine
아~ 이게 바로 자유의 향기! 탈옥하길 잘했어!
북극에서 수영복을?
빨리 사진 찍어!
찰칵
그리웠어. 지구인들의 이런 관심!
찰칵

용어 체크

지중해

유럽, 아시아, 아프리카 세 대륙에 둘러싸인 바다

예 연중 비가 내리는 북서부 유럽에 사는 사람들은 여름 휴가철에 ❶ ________ 의 해변으로 모여들어 일광욕을 즐긴다.

일광욕: 치료나 건강을 위해 온몸을 드러내고 햇빛을 쬐는 일

체코
슬로바키아
프랑스
스위스
오스트리아
헝가리
루마니아
몰도바
포르투갈
에스파냐
이탈리아
불가리아
흑 해
그리스
터키
지
중
해
모로코
튀니지
알제리
시리아
이라크
리비아
이집트
사우디아라비아

정답 ❶ 지중해

스톰이 북극 지방에 있다고?

조금 전에 올라온 사진인데, 지금 SNS에서 화제가 되고 있대요.
#북극 #수영복 #다산과학기지
다산 과학 기지?
다산 과학 기지는 우리나라가 북극 지방에 세운 거예요. 그런데 이 사진 스톰 아닌가요?
스톰 맞아. 아직 거기 있을 수 있으니까 빨리 가 보자!
잠시 후
띵~
으아아
뭔가에 세게 부딪혔어.
여긴 알래스카, 저건 송유관이래!
아야...
땅속이 얼어 있는 한대 기후 지역에서는 송유관을 땅속에 묻기 쉽지 않아서 거치대 위에 설치했대.
그렇구나. 근데 플래시는?
플래시!
형사님!

용어 체크

기지
군사, 탐험, 등반 등의 활동을 하기 위한 근거로 삼는 곳

예 우리나라는 다산 과학 ❶ ( ) 등을 세워 극지방의 자연환경을 연구하고 있다.

송유관
석유나 원유 등을 다른 곳으로 보내기 위해 설치한 관
(원유: 땅속에서 뽑아낸, 정제하지 아니한 그대로의 기름)

예 석유, 천연가스 수송을 위해 ❷ ( )을 설치했다.
(수송: 기차, 자동차, 배, 항공기 등으로 사람이나 물건을 실어 옮김.)

정답 ❶ 기지 ❷ 송유관

4일 개념 익히기

1 사계절이 나타나는 기후를 살펴볼까?

온대 기후

서부 유럽처럼 일 년 내내 비가 고르게 내리는 곳

지중해 주변처럼 여름보다 겨울에 강수량이 많은 곳

우리나라처럼 겨울보다 여름에 강수량이 많은 곳

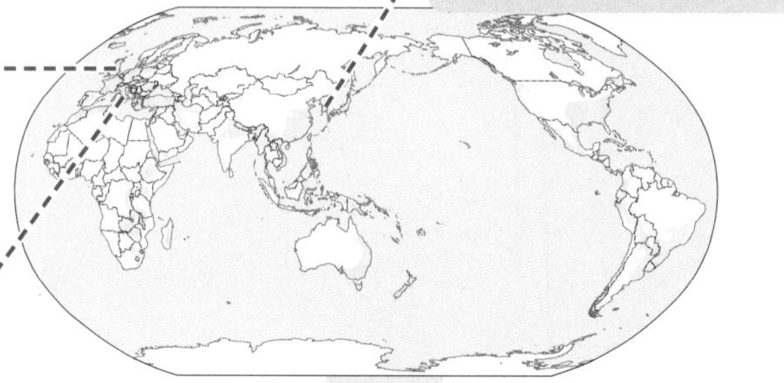

▲ **온대 기후**의 분포 : 중위도 지역에 주로 나타남.

온대 기후 지역은 인구가 많고 여러 산업이 발달했어.

아시아

벼농사를 지음.

서부 유럽

화훼 농업이 발달함.

화훼: 꽃이 피는 풀과 나무 또는 심어 놓고 즐기기 위한 식물의 총칭

지중해 주변
올리브

올리브나 포도를 많이 재배함.

냉대 기후

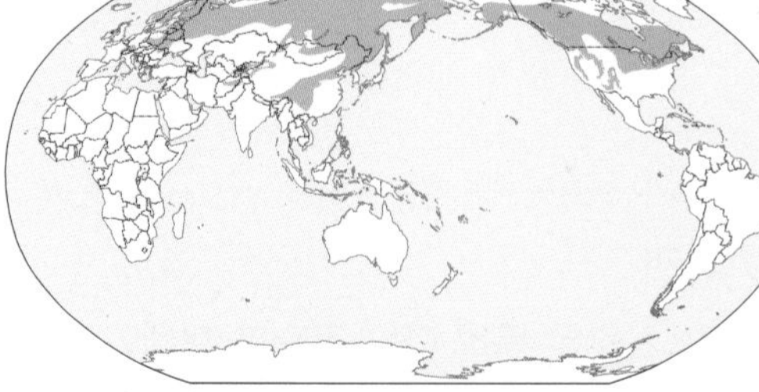

▲ **냉대 기후**의 분포 : 북반구의 중위도와 고위도 지역에 널리 분포함.

- 여름에는 밀, 감자 등을 재배할 수 있지만 겨울에는 농사를 짓기 어려움.
- 침엽수림이 널리 분포해 목재와 펄프의 세계적인 생산지가 되기도 함.

펄프 공업 발달 ▶

펄프: 종이 등을 만들기 위해 나무 등의 섬유 식물에서 뽑아낸 재료

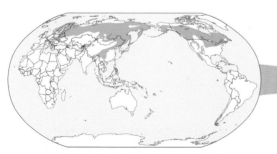

✔ 온대 기후와 ❶(냉대 / 한대) 기후는 **사계절**이 나타나지만, 기후에 따라 생산 활동이 달라집니다.

2 한대 기후는 인간 생활에 어떤 영향을 미쳤을까?

여름에 얼음이 녹아 이끼나 풀이 자라는 땅에서 순록을 기르는 유목 생활을 하기도 함.

한대 기후 지역의 송유관은 거치대 위에 설치되어 있음.

석유와 천연가스 등이 풍부해 자원 개발이 활발함.

한대 기후 지역은 평균 기온이 낮아 땅속이 계속 얼어 있어.

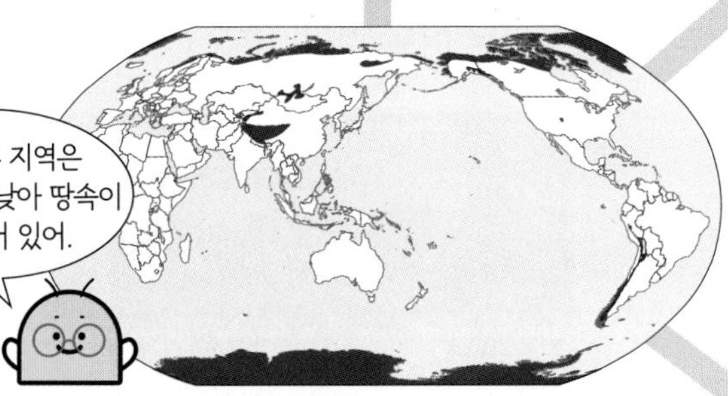

▲ **한대 기후**의 분포 : 고위도 지역에 주로 나타남.

남극 장보고 과학 기지

우리나라도 남극 지방에 세종·장보고 과학 기지, 북극 지방에 다산 과학 기지를 세웠어.

한대 기후 지역의 자연환경을 연구하려고 여러 나라가 연구소나 기지를 세우고 있음.

평균 기온이 ❷(높은 / 낮은) 한대 기후 지역에서는 얼음이 녹는 짧은 여름 동안 순록을 기르는 유목 생활을 하거나 기지 등을 세워 자연환경 연구에 힘을 쏟고 있습니다.

정답 ❶ 냉대 ❷ 낮은

개념 체크

정답과 풀이 2쪽

1 온대 기후는 ☐☐☐ 지역에 주로 나타납니다.

2 냉대 기후 지역은 ☐☐에 농사를 짓기 어렵습니다.

3 우리나라는 ☐☐ 지방에 세종 과학 기지와 장보고 과학 기지를 세웠습니다.

보기
- 고위도
- 중위도
- 여름
- 겨울
- 남극
- 북극

4일 개념 확인하기

정답과 풀이 2쪽 빠른 정답 보기

1 온대 기후 지역 중 다음 지역에서 나타나는 특성을 찾아 줄로 이으시오.

(1) 우리나라 •　　　　• ㉠ 일 년 내내 비가 고르게 내림.

(2) 서부 유럽 •　　　　• ㉡ 겨울보다 여름에 강수량이 많음.

(3) 지중해 주변 •　　　　• ㉢ 여름보다 겨울에 강수량이 많음.

2 온대 기후 지역에서 발달한 농업으로 알맞지 않은 것은 어느 것입니까? (　　　　)

①

▲ 벼농사

②

▲ 화전 농업

③

▲ 화훼 농업

④

▲ 올리브 재배

3 냉대 기후 지역에 대한 설명으로 알맞은 것은 어느 것입니까? (　　　　)

① 적도 주변에서 나타난다.

② 일 년 내내 농사를 짓는다.

③ 사계절이 나타나지 않는다.

④ 목재와 펄프의 세계적인 생산지이다.

⑤ 평균 기온이 낮아 나무가 자라지 않는다.

4 한대 기후의 분포를 나타낸 지도로 알맞은 것은 어느 것입니까? (   )

①
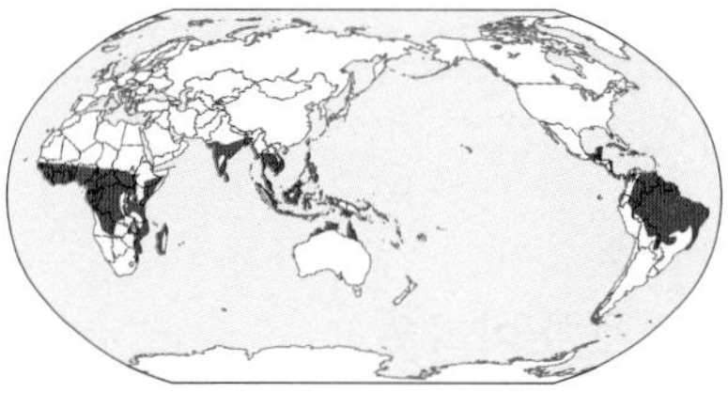

②
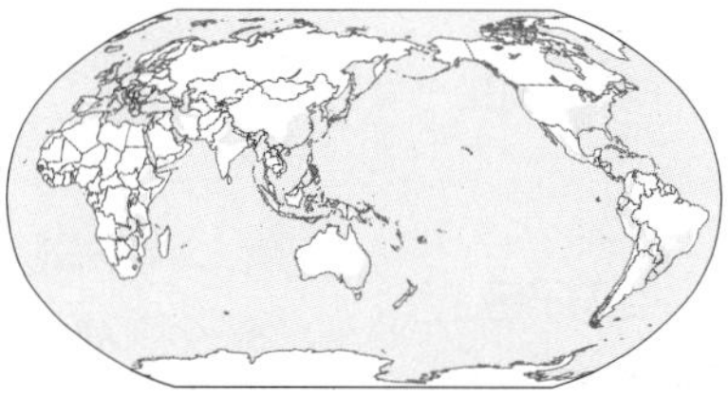

③
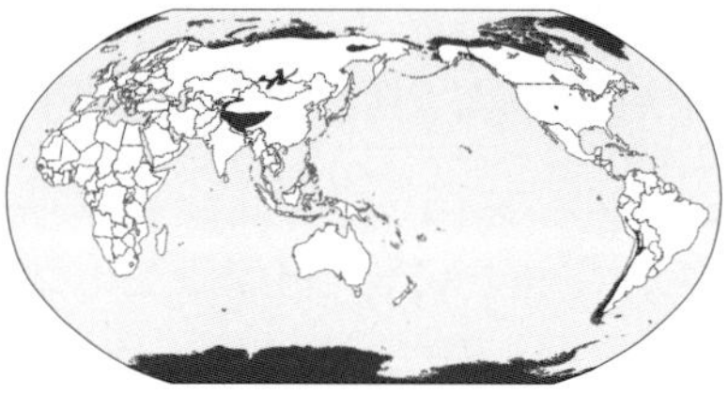

④
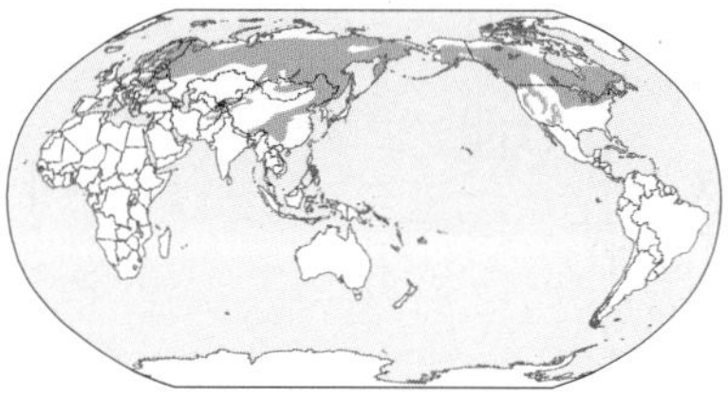

5 한대 기후 지역에 대해 알맞게 말한 어린이를 쓰시오.

지우 : 기후가 온화해서 인구가 많아.
영리 : 여러 나라가 한대 기후 지역에 연구소나 기지를 세우고 있어.
시윤 : 석유, 천연가스 등 자원이 부족해 개발하는 데 어려움을 겪고 있어.

(   )

똑똑한 하루 퀴즈

6 다음 빈칸에 들어갈 낱말을 말 상자에서 찾아 모두 ○표를 하세요. 말 상자의 낱말은 가로, 세로, 대각선에 숨어 있어요.

원	유	목	농
지	★	업	침
남	중	활	엽
북	극	해	수
정	착	★	림

❶ **온대 기후 지역** : □□□ 주변 지역에서는 올리브나 포도를 많이 재배해요.
❷ **냉대 기후 지역** : 잎이 뾰족하고 재질이 부드러운 □□□□이 널리 분포해요.
❸ **한대 기후 지역** : 여름에 이끼나 풀이 자라는 땅에서 순록을 기르는 □□ 생활을 하기도 해요.

1 세계 지도, 지구본, 디지털 영상 지도의 특징

세계 지도, 지구본, 디지털 영상 지도는 세계 여러 나라의 정보를 담고 있지만, 특징이 서로 달라.

세계 지도	장점	세계 여러 나라의 위치를 한눈에 볼 수 있음.
	단점	실제 모습과 다른 점이 있음.
지구본	장점	지구의 실제 모습과 비슷함.
	단점	전 세계의 모습을 한눈에 보기 어려움.
디지털 영상 지도	장점	다양한 정보를 얻을 수 있음.
	단점	스마트폰이나 컴퓨터가 필요하고, 인터넷을 연결해야 다양한 기능을 사용할 수 있음.

2 세계의 대륙과 대양

① 세계의 대륙

지구에서 육지의 면적은 약 30 %, 바다의 면적은 약 70 %래.

아시아

대한민국, 중국,
일본, 인도 등

대륙 중에서 가장 큼.

아프리카

소말리아, 이집트,
케냐, 탄자니아 등

아시아 다음으로 큰 대륙임.

유럽

영국, 에스파냐,
독일, 프랑스 등

세 번째로 작은 대륙임.

오세아니아

오스트레일리아,
뉴질랜드 등

대륙 중에서 가장 작음.

북아메리카

캐나다, 미국,
멕시코 등

북극해와 접해 있음.

남아메리카

브라질, 칠레,
아르헨티나 등

남쪽은 남극해와 접해 있음.

② 세계의 대양

- 대양은 큰 바다를 말하며 태평양, 대서양, 인도양, 북극해, 남극해가 있습니다.
- 가장 큰 대양은 태평양이고, 가장 작은 대양은 북극해입니다.

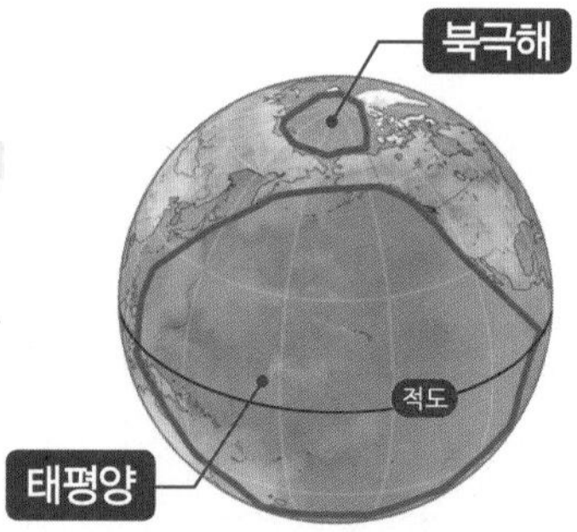
북극해
적도
태평양

3 세계의 기후

해당 지역의 기온과 강수량 등을 기준으로 기후를 구분해.

냉대 기후 지역
- 사계절이 나타남.
- 펄프 공업이 발달함.

한대 기후 지역
- 일 년 내내 평균 기온이 매우 낮음.
- 자원 개발이 활발함.

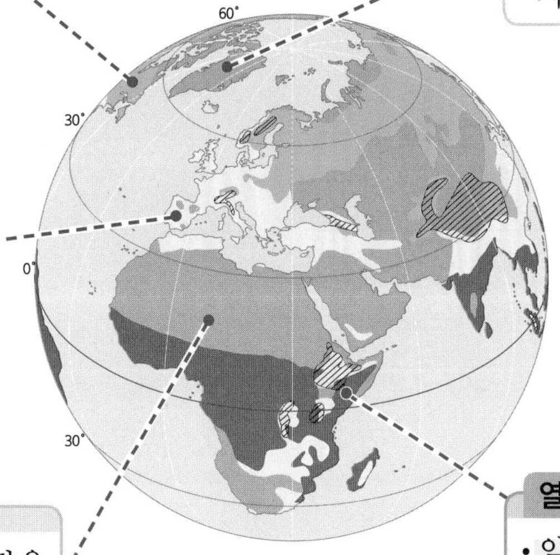
60°
30°
0°
30°

온대 기후 지역
- 사계절이 뚜렷함.
- 인구가 많고 여러 산업이 발달했음.

건조 기후 지역
- 일 년 동안의 강수량을 모두 합쳐도 500 mm가 채 안 됨.
- 사막과 초원이 나타남.

열대 기후 지역
- 일 년 내내 기온이 높고 강수량이 많음.
- 건기와 우기가 나타나는 곳도 있음.

하루 사전 | 건조 기후 지역편

사막 지역의 모습

대추야자
오아시스 주변에서 재배됨.

진흙집
- 주변에서 구하기 쉬운 진흙으로 집을 지음.
- 비가 거의 오지 않아 지붕을 평평하게 만듦.
- 낮에는 더위, 밤에는 추위를 막기 위해 벽은 두껍고 창은 작게 만듦.

낙타
긴 속눈썹이 모래바람과 강한 햇빛으로부터 눈동자를 보호함.

건조 기후 지역은 일교차가 매우 커.

일교차: 기온, 습도 등이 하루 동안에 변화하는 차이

1일 다양한 공간 표현물

1 다음 세계 지도에서 적도를 찾아 기호를 쓰시오.

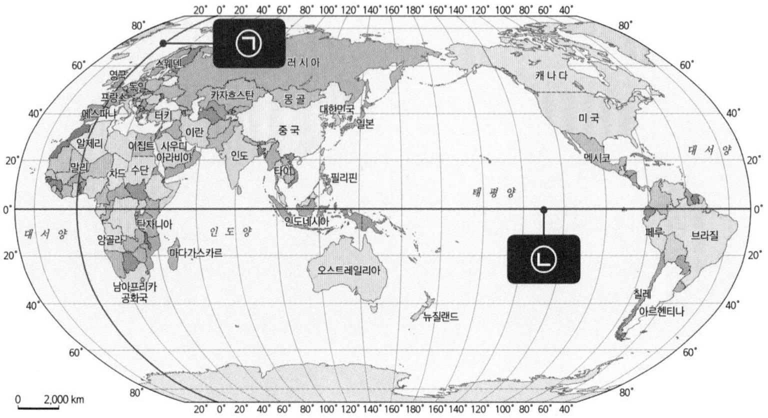
㉠
㉡
러시아
캐나다
미국
멕시코
카자흐스탄
몽골
중국
대한민국
일본
인도
필리핀
인도네시아
오스트레일리아
뉴질랜드
브라질
페루
칠레
아르헨티나
이란
터키
이집트
사우디아라비아
수단
차드
말리
알제리
에스파냐
프랑스
영국
스웨덴
탄자니아
앙골라
마다가스카르
남아프리카 공화국
태평양
대서양
인도양
0 2,000 km

( )

2 지구본의 단점으로 알맞은 것을 두 가지 고르시오. (,)

① 가지고 다니기 불편하다.

② 스마트폰이나 컴퓨터가 필요하다.

③ 전 세계의 모습을 한눈에 보기 어렵다.

④ 인터넷을 연결해야 다양한 기능을 사용할 수 있다.

⑤ 둥근 지구를 평면으로 나타내어 실제 모습과 다른 점이 있다.

3 디지털 영상 지도에서 지도를 확대하거나 축소할 때 이용하는 것은 어느 것입니까?

( )

① 

② 

③ 
지도 검색

④ 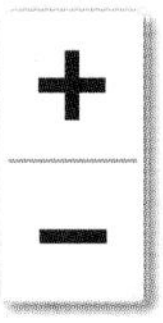
+
−

⑤ 
위성

○ 정답과 풀이 3쪽

빠른 정답 보기

1 주

2일 대륙과 대양, 그리고 국가들

[4~5] 세계의 대륙과 대양을 나타낸 다음 지도를 보고, 물음에 답하시오.

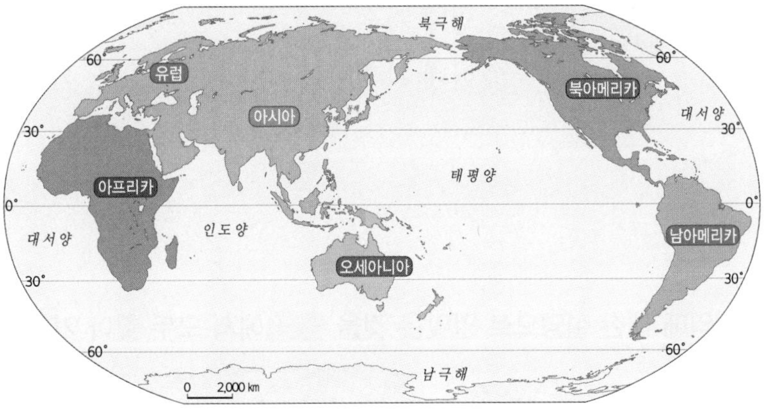

북극해
60°
유럽
아시아
북아메리카
대서양
30°
아프리카
태평양
0°
대서양
인도양
남아메리카
오세아니아
30°
60°
남극해
0 2,000 km

4 다음에서 설명하는 대륙을 위 지도에서 찾아 쓰시오.

대륙 중 가장 작으며, 남반구에 있습니다.

( )

5 다음은 준후가 위 지도를 보고 정리한 내용입니다. □ 안에 들어갈 대양으로 알맞은 것은 어느 것입니까? ( )

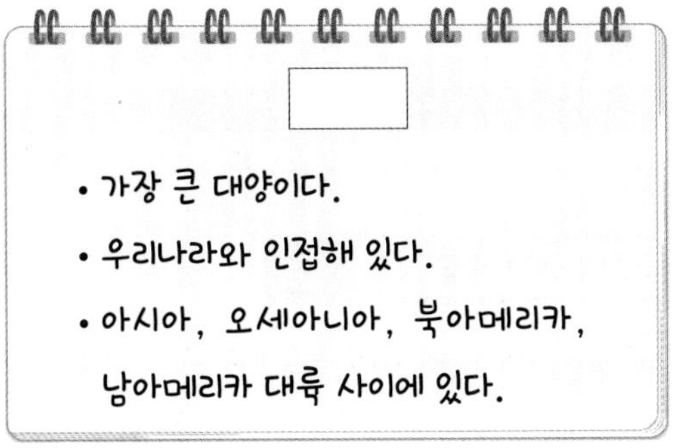

□
• 가장 큰 대양이다.
• 우리나라와 인접해 있다.
• 아시아, 오세아니아, 북아메리카, 남아메리카 대륙 사이에 있다.

① 북극해
② 남극해
③ 인도양
④ 대서양
⑤ 태평양

6 우리나라와 영토의 면적이 비슷한 나라는 어디입니까? ( )

① 미국 ② 러시아 ③ 캐나다
④ 라오스 ⑤ 바티칸 시국

3일 기후와 생활 모습 ❶

7 태양의 열을 많이 받는 적도 부근에서 나타나는 기후는 어느 것입니까? (　　　　)

① 건조 기후　② 냉대 기후　③ 열대 기후
④ 온대 기후　⑤ 한대 기후

8 열대 기후 지역에 대한 설명으로 알맞은 것을 보기에서 모두 찾아 기호를 쓰시오.

보기
㉠ 사파리 관광 산업이 발달했습니다.
㉡ 강수량이 매우 적어 사막이 나타납니다.
㉢ 건기와 우기가 나타나는 곳이 있습니다.
㉣ 평균 기온이 낮아 땅속이 계속 얼어 있습니다.

(　　　　,　　　　)

서술형

9 다음 검색 결과 중 밑줄 친 부분에 들어갈 알맞은 말을 쓰시오.

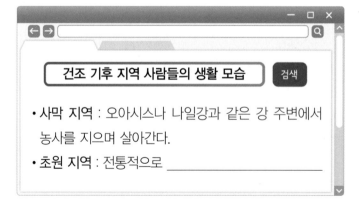

건조 기후 지역 사람들의 생활 모습 [검색]

- 사막 지역 : 오아시스나 나일강과 같은 강 주변에서 농사를 지으며 살아간다.
- 초원 지역 : 전통적으로 ______________

____

____

4일 기후와 생활 모습 ❷

10 온대 기후 지역에 대해 알맞게 말하지 <u>않은</u> 어린이는 누구입니까? (　　　)

① 은성 : 인구가 많아.
② 지현 : 농사를 짓기 어려워.
③ 우영 : 여러 산업이 발달했어.
④ 수빈 : 사계절이 비교적 뚜렷해.
⑤ 해수 : 중위도 지역에 주로 나타나.

11 다음 사진과 관련 있는 지역은 어디입니까? (　　　)

▲ 순록을 기르는 유목 생활

▲ 남극 장보고 과학 기지

① 건조 기후 지역　② 냉대 기후 지역　③ 열대 기후 지역
④ 온대 기후 지역　⑤ 한대 기후 지역

똑똑한 하루 퀴즈

12 오른쪽 표에 세계 여러 나라를 늘어 놓았어요. 아시아와 유럽에 속한 나라를 찾아 그 칸을 색칠하면 어떤 알파벳이 나오는지 □ 안에 써 보세요.

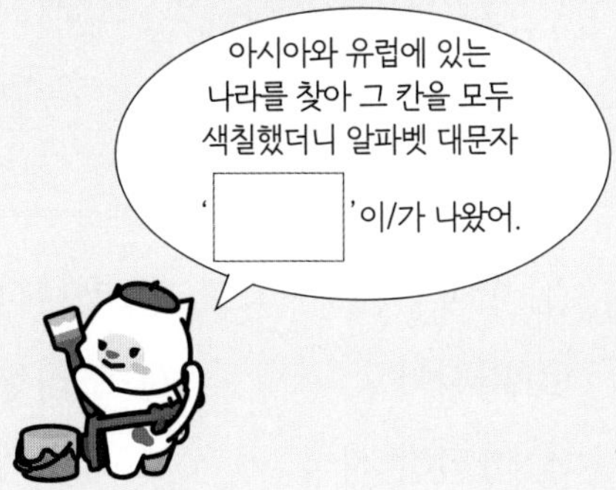
아시아와 유럽에 있는
나라를 찾아 그 칸을 모두
색칠했더니 알파벳 대문자
'　　'이/가 나왔어.

독일	중국	영국
미국	인도	케냐
캐나다	프랑스	이집트
멕시코	대한민국	소말리아

1주 누구나 100점 TEST

맞은 개수 /10개

1 다음에서 설명하는 공간 표현물을 찾아 줄로 이으시오.

(1) 둥근 지구를 평면으로 나타냄. •　　• ㉠ 지구본

(2) 지구의 실제 모습과 비슷함. •　　• ㉡ 세계 지도

2 디지털 영상 지도의 단점을 보기에서 찾아 기호를 쓰시오.

보기
㉠ 다양한 정보를 얻을 수 없습니다.
㉡ 스마트폰이나 컴퓨터가 필요합니다.
㉢ 지도가 작아서 자세히 볼 수 없습니다.

(　　　　　　　)

3 세계 여러 대륙 중 가장 큰 대륙은 어느 것입니까? (　　　)

① 유럽　② 아시아
③ 아프리카　④ 북아메리카
⑤ 남아메리카

4 다음 ㉠과 ㉡에 들어갈 말이 알맞게 짝 지어진 것은 어느 것입니까? (　　　)

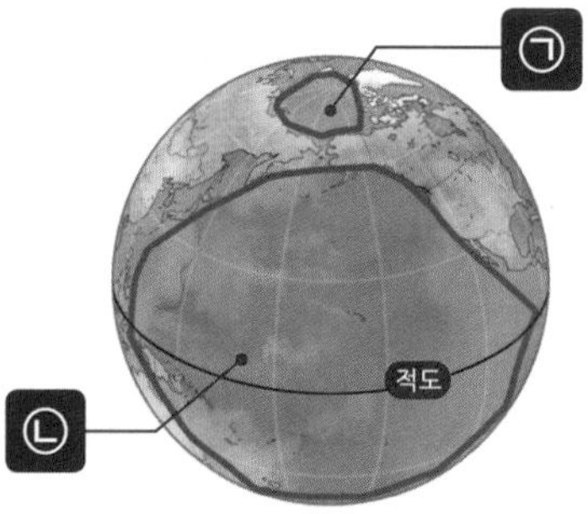
㉠
적도
㉡

5대양 중 ㉠ 은/는 가장 작은 대양이고, ㉡ 은 가장 큰 대양입니다.

	㉠	㉡
①	북극해	태평양
②	북극해	대서양
③	남극해	태평양
④	남극해	인도양
⑤	인도양	대서양

5 다음은 세계 여러 나라의 면적을 나타낸 지도 중 일부입니다. □ 안에 들어갈, 영토의 면적이 가장 넓은 나라는 어디입니까? (　　　)

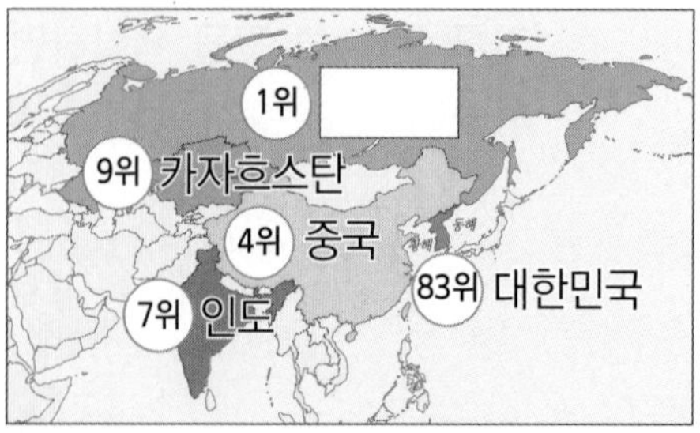
1위
9위 카자흐스탄
4위 중국
7위 인도
83위 대한민국

① 미국　② 캐나다
③ 러시아　④ 브라질
⑤ 바티칸 시국

6 세계의 기후를 나타낸 다음 지도를 보고 알맞게 말한 어린이를 쓰시오.

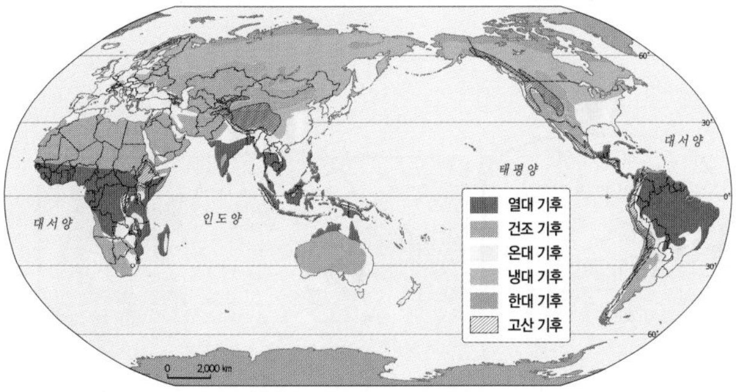
대서양
인도양
태평양
대서양
열대 기후
건조 기후
온대 기후
냉대 기후
한대 기후
고산 기후
0 2,000 km

이준 : 지역별로 다양한 기후가 나타나.
다인 : 남극 대륙에서는 주로 열대 기후가 나타나.

( )

7 다음과 같은 농업이 주로 이루어지는 지역은 어디입니까? ( )

▲ 화전 농업

▲ 바나나 재배

① 열대 기후 지역
② 건조 기후 지역
③ 온대 기후 지역
④ 냉대 기후 지역
⑤ 한대 기후 지역

8 다음 □ 안에 들어갈 지형은 무엇인지 초성 힌트를 참고하여 쓰시오.

건조 기후 지역 중에는 강수량이 매우 적어 ㅅ ㅁ 이 널리 나타나는 곳도 있습니다. 이 곳 사람들은 오아시스나 나일강과 같은 강 주변에서 농사를 지으며 살아갑니다.

( )

9 온대 기후 지역과 냉대 기후 지역의 공통점으로 알맞은 것은 어느 것입니까? ( )

① 사계절이 나타난다.
② 적도 부근에서 나타난다.
③ 주로 겨울에 농사를 짓는다.
④ 기온이 낮아 사람이 살기 어렵다.
⑤ 연 강수량을 모두 합쳐도 500 mm가 채 안 된다.

10 한대 기후 지역에 대한 설명으로 알맞지 않은 것은 어느 것입니까? ( )

① 평균 기온이 낮다.
② 고위도 지역에 주로 나타난다.
③ 석유, 천연가스 등이 풍부하다.
④ 올리브와 포도를 많이 재배한다.
⑤ 자연환경 연구를 위해 여러 나라가 세운 연구소와 기지가 있다.

창의·융합·코딩

생활 속 사회

세계 여러 나라의 면적과 모양을 살펴봅니다.

세계 여러 나라의 면적과 모양

세계 지도에서 나라를 찾는 놀이를 해 볼까요?
오호! 나라 찾기 놀이 좋지.
세계에서 영토의 면적이 가장 넓은 나라는?
러시아! 문제가 쉬운걸.
그럼 사각형 모양인 나라는?
음……
찾았다! 이집트야.

우리나라보다 영토의 면적이 넓거나 좁은 나라

넓은 나라	대한민국	좁은 나라
러시아, 캐나다, 미국, 중국, 브라질, 오스트레일리아, 인도 등		싱가포르, 스리랑카, 요르단, 네팔, 모나코, 바티칸 시국 등

영토의 모양이 사물이나 동물의 모양과 비슷한 나라

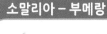

이탈리아 – 장화

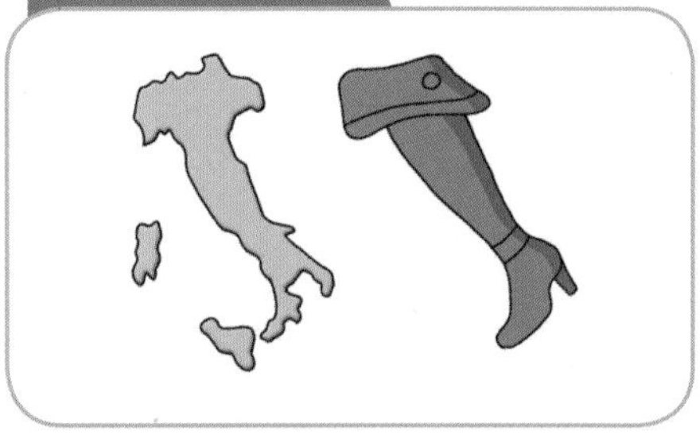

소말리아 – 부메랑

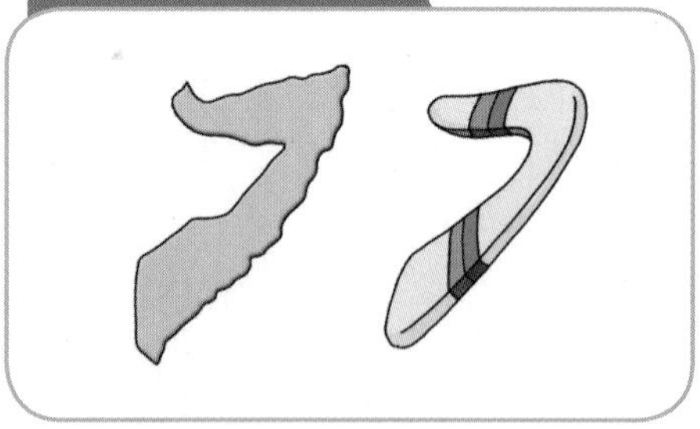

타이 – 코끼리

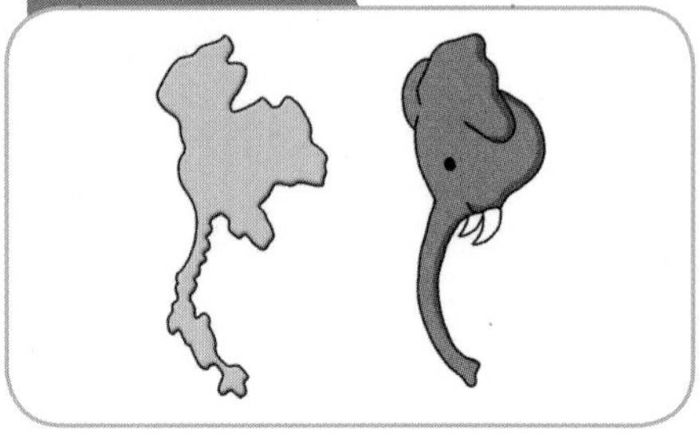

대한민국 – 호랑이

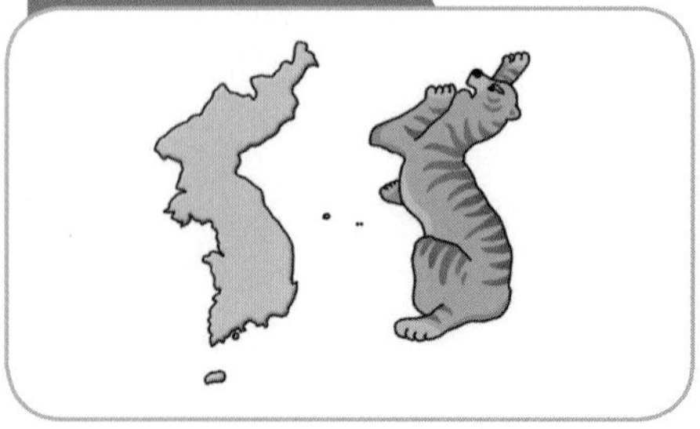

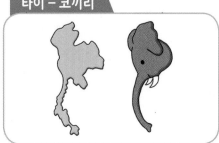

○ 정답과 풀이 4쪽
빠른 정답 보기

1 다음은 세계 여러 나라의 영토 면적을 나타낸 지도입니다.

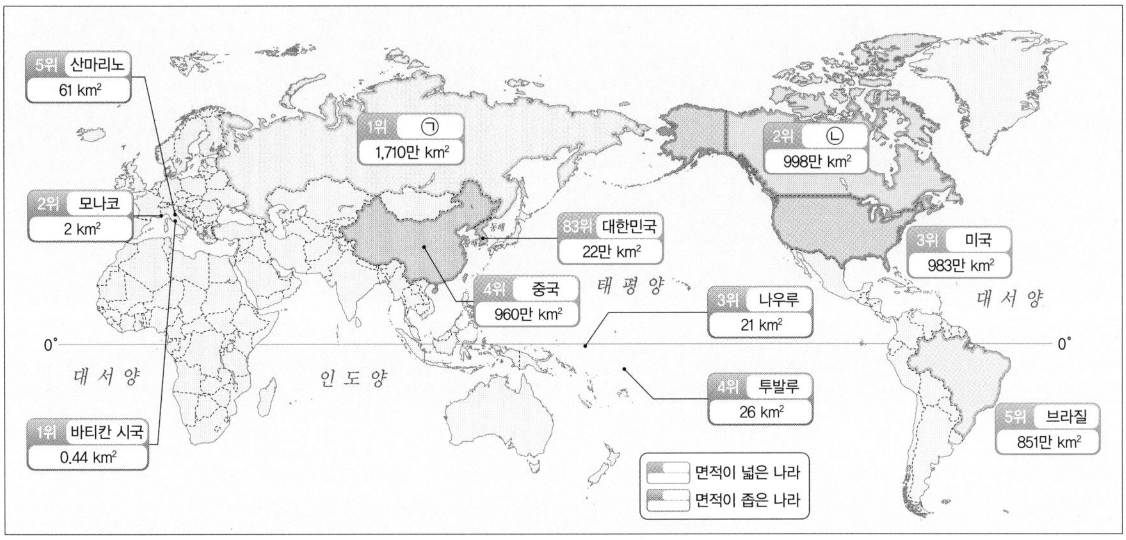
5위 산마리노
61 km²
2위 모나코
2 km²
1위 바티칸 시국
0.44 km²
1위 ㉠
1,710만 km²
83위 대한민국
22만 km²
4위 중국
960만 km²
3위 나우루
21 km²
4위 투발루
26 km²
2위 ㉡
998만 km²
3위 미국
983만 km²
5위 브라질
851만 km²
태 평 양
대 서 양
인 도 양
0°
면적이 넓은 나라
면적이 좁은 나라

(1) 위 세계 지도의 ㉠과 ㉡에 들어갈 나라를 다음 만국기에서 찾아 □ 안에 각각 기호를 쓰세요.

만국기: 세계 여러 나라의 국기

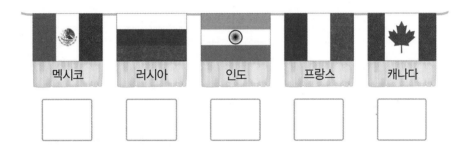

멕시코
러시아
인도
프랑스
캐나다

(2) 다음은 위 세계 지도를 보고 나눈 대화입니다. □ 안에 들어갈 알맞은 말을 쓰세요.

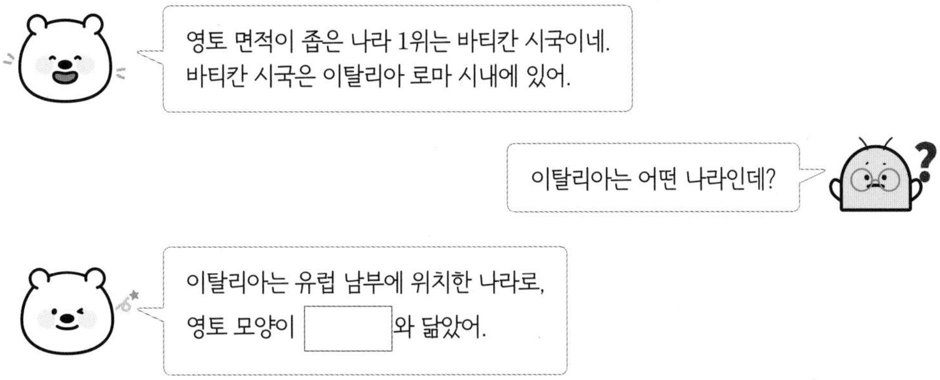
영토 면적이 좁은 나라 1위는 바티칸 시국이네. 바티칸 시국은 이탈리아 로마 시내에 있어.
이탈리아는 어떤 나라인데?
이탈리아는 유럽 남부에 위치한 나라로, 영토 모양이 □와 닮았어.

( )

창의·융합·코딩

사고 쑥쑥

세계의 모습과 기후에 대한 내용을 살펴봅니다.

2 이번 주에 공부한 내용을 기억하며, 다음 십자말풀이를 해 보세요.

빈칸을 채울
준비가 됐지?

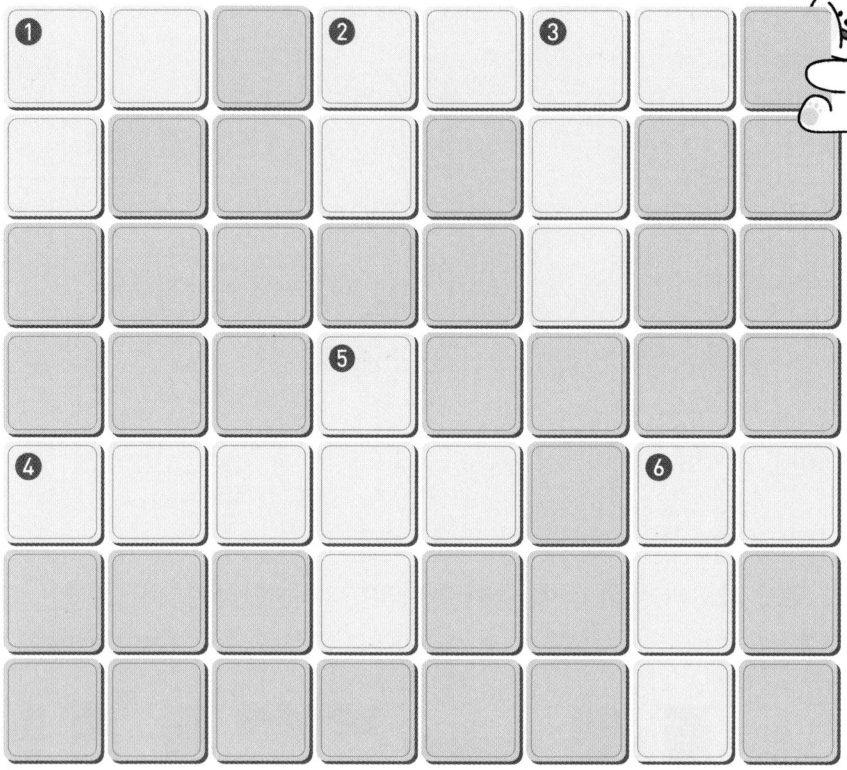
❶
❷
❸
❹
❺
❻

가로

❶ 다른 대륙에 비해 면적은 좁지만 영국, 독일 등 많은 나라가 있습니다.
❷ 둥근 지구를 평면으로 나타낸 자료입니다.
❹ 세계에서 영토의 면적이 가장 좁은 나라입니다.
❻ 바다로 둘러싸인 큰 땅덩어리를 말합니다.

세로

❶ 초원 지역에서는 전통적으로 물과 풀을 찾아 가축과 함께 이동하는 ○○ 생활을 하며 살아갑니다.
❷ 우리나라는 남극 지방에 ○○ 과학 기지와 장보고 과학 기지를 세웠습니다.
❸ 실제 지구의 모습을 아주 작게 줄인 모형입니다.
❺ 대륙 중에서 가장 큰 대륙입니다.
❻ 대양에는 태평양, ○○○, 인도양, 북극해, 남극해가 있습니다.

3 공항에 도착하기 위해서는 □ 안에 들어갈 말이 적힌 징검돌을 순서대로 밟아야 해요. 다음 어린이가 밟아야 하는 징검돌을 순서대로 쓰세요.

첫 번째 징검돌 – □ 기후 지역
평균 기온이 낮아 땅속이 계속 얼어 있으며, 순록을 기르는 유목 생활을 하기도 해요.
두 번째 징검돌 – □ 기후 지역
사계절이 비교적 뚜렷하며, 중위도 지역에 주로 나타나요.
세 번째 징검돌 – □ 기후 지역
아프리카 사하라처럼 강수량이 매우 적어 사막이 널리 나타나는 곳도 있고, 중앙아시아처럼 약간의 비나 눈이 내려 초원이 넓게 나타나는 곳도 있어요.
건조
고산
냉대
온대
한대
열대

○○ ➡ ○○ ➡ ○○

창의·융합·코딩

1주 특강 논리 탄탄

세계의 대륙과 대양의 특징에 대해 알아봅니다.

4 스톰이 플래시 일행에게 보낸 메시지는 무엇인지 쓰세요.

지금쯤이면 플래시가 나를 찾아왔을 텐데, 뭘 하고 있는지 볼까?
스톰은 도대체 어디에 있는 거야?
나를 찾는 데 어려움을 겪고 있군.
그렇다면 힌트를 주지.

헉!
스톰이 우리에게 힌트를 보냈어.
어디인지 빨리 찾아봐요.

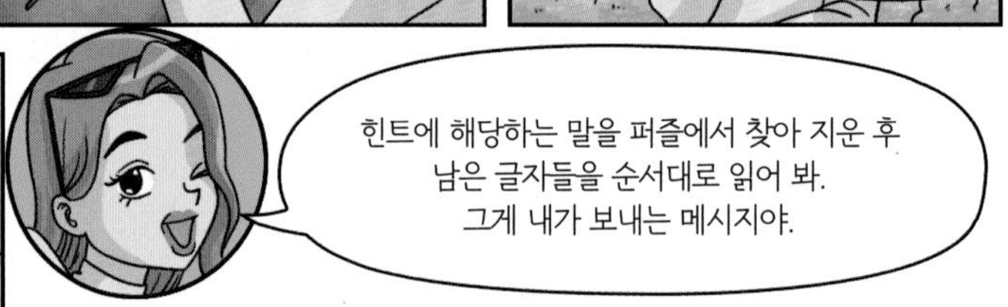
힌트에 해당하는 말을 퍼즐에서 찾아 지운 후 남은 글자들을 순서대로 읽어 봐. 그게 내가 보내는 메시지야.

1. 오스트레일리아와 뉴질랜드 등이 있는, 가장 작은 대륙
2. 북극 주변에 있는, 가장 작은 대양
3. 아시아 다음으로 큰 대륙

오	세	아	니	아	대	한	북
민	국	의	수	도	에	극	서
아	프	리	카	만	해	나	자

메시지

세계의 기후와 생활 모습에 대한 질문을 보고, 도착까지 가는 길을 완성해 봅니다.

5 질문에 대한 알맞은 대답을 찾아 화살표로 가는 길을 표시해 보세요.

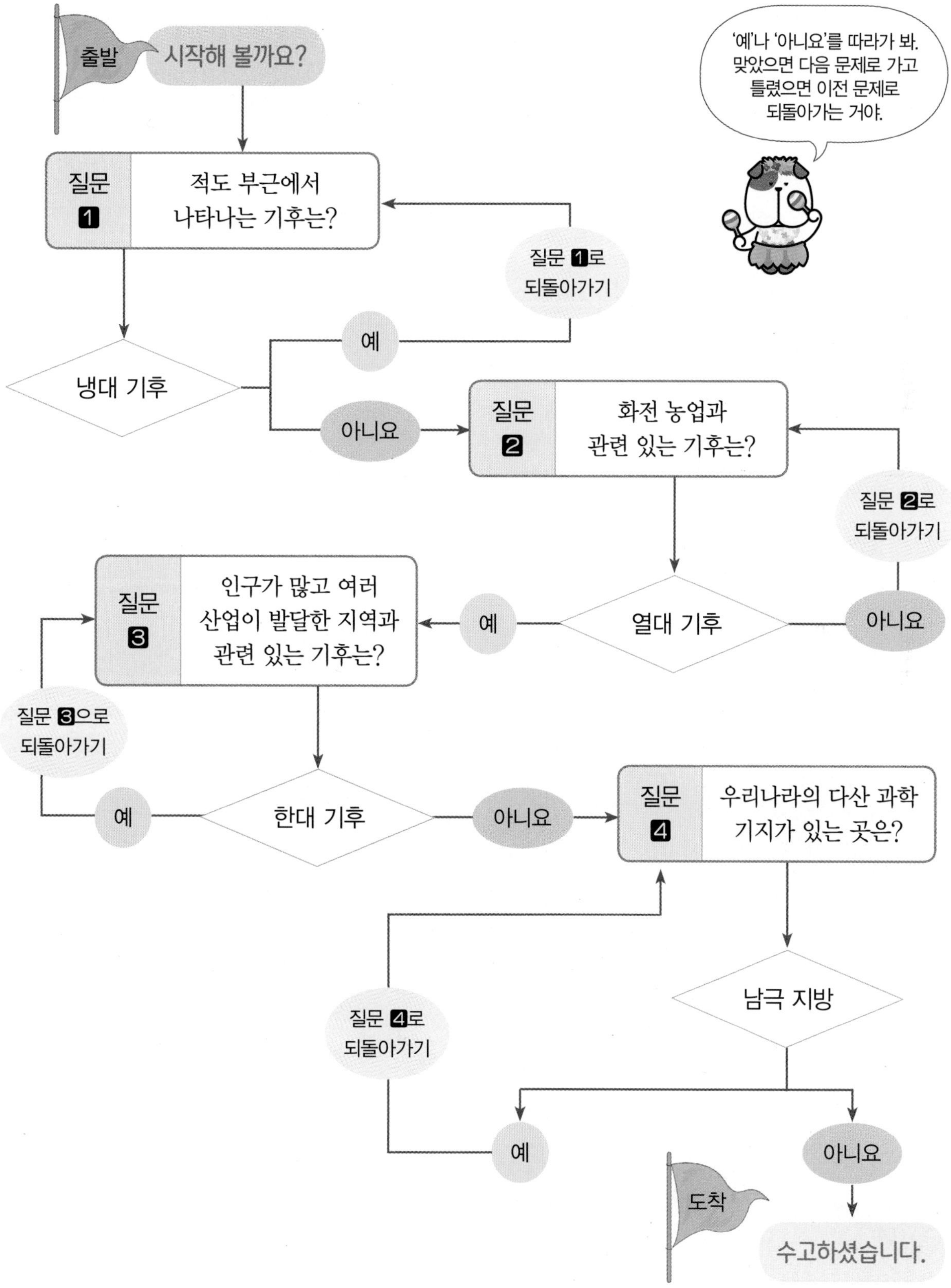

출발
시작해 볼까요?
'예'나 '아니요'를 따라가 봐. 맞았으면 다음 문제로 가고 틀렸으면 이전 문제로 되돌아가는 거야.
질문 1
적도 부근에서 나타나는 기후는?
냉대 기후
예
아니요
질문 1로 되돌아가기
질문 2
화전 농업과 관련 있는 기후는?
열대 기후
예
아니요
질문 2로 되돌아가기
질문 3
인구가 많고 여러 산업이 발달한 지역과 관련 있는 기후는?
한대 기후
예
아니요
질문 3으로 되돌아가기
질문 4
우리나라의 다산 과학 기지가 있는 곳은?
남극 지방
예
아니요
질문 4로 되돌아가기
도착
수고하셨습니다.

2주 세계 여러 나라의 환경과 생활 모습

2주에는 무엇을 공부할까? ①

대한민국에서의 시간은 정말 좋았어.
흐—음
이제 대한민국과 이웃한 나라를 가 볼까? 중국, 일본, 러시아 중 어디가 좋을까?
중국
일본
러시아
아니면 대한민국과 밀접한 관계를 맺고 있는 나라? 검색해 봐야지.
미국
사우디아라비아
다양한 산업이 발달한 미국? 아니면 세계 주요 원유 수출국인 사우디아라비아?
버럭
대한민국과 밀접한 관계를 맺은 나라가 더 있잖아!
콱
콰직
스톱이다!
우리나라와 관계 깊은 나라를 찾고 있었네요. 같이 찾아볼까요?

러 시 아
중 국
대한민국
일본

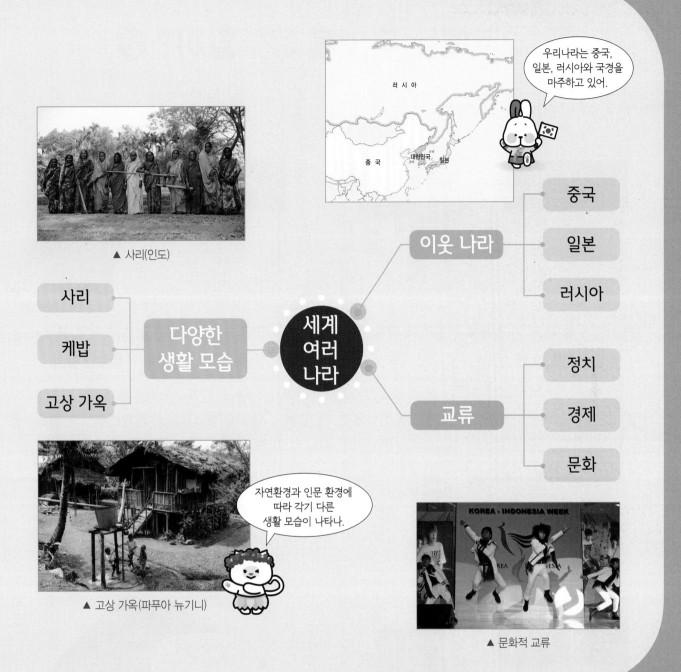

우리나라는 중국, 일본, 러시아와 국경을 마주하고 있어.

▲ 사리(인도)

- 세계 여러 나라
  - 다양한 생활 모습
    - 사리
    - 케밥
    - 고상 가옥
  - 이웃 나라
    - 중국
    - 일본
    - 러시아
  - 교류
    - 정치
    - 경제
    - 문화

▲ 고상 가옥(파푸아 뉴기니)

자연환경과 인문 환경에 따라 각기 다른 생활 모습이 나타나.

KOREA - INDONESIA WEEK

▲ 문화적 교류

우리나라는 세계 여러 나라와 활발하게 교류하며 깊은 관계를 맺고 있어.

2주에는 무엇을 공부할까? ❷

사 리

나마스테!

뜻 **길고 넓은 천 한 장으로 만들어진 인도 여성의 전통 복장**

예 인도 여성의 전통 복장인 **사리**는 두르는 방법에 따라 입는 방법이 다양하다.

힌두교의 영향으로
사리를 한 장의
천으로 만든대.

케 밥

뜻 **얇게 썬 고기 조각을 긴 꼬치에 꿰어서 숯불에 구워 낸 터키의 대표적인 음식**

예 국민 대부분이 이슬람교를 믿는 터키 사람들은 주로 양고기로 **케밥**을 만든다.

고상 가옥

뜻 **바닥이 땅에서 떨어지게 지은, 열대 기후가 나타나는 지역에서 볼 수 있는 집 형태**

예 열대 기후 지역에서는 지붕의 경사가 급하고 바닥을 땅과 떨어뜨린 **고상 가옥**을 볼 수 있다.

주위에서 쉽게
구할 수 있는
나무와 풀로 지었군.
왜 집을 바닥에서
띄워 지었을까?
자연환경의 영향을
받은 것 같은데…….

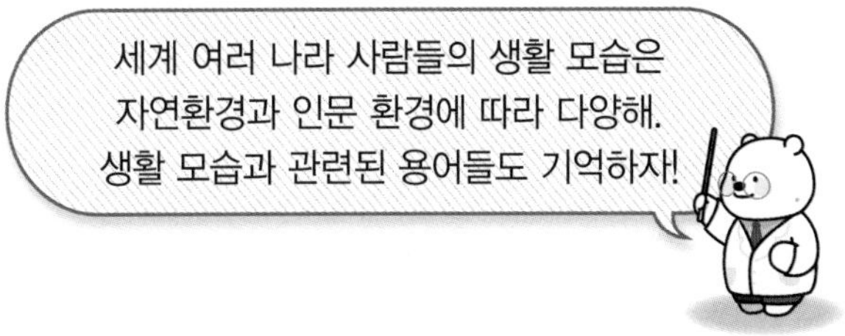
세계 여러 나라 사람들의 생활 모습은
자연환경과 인문 환경에 따라 다양해.
생활 모습과 관련된 용어들도 기억하자!

시짱(티베트)고원

뜻 **중국 서남부, 히말라야산맥과 쿤룬산맥에 둘러싸여 있는 고원**

고원: 높은 지대에 펼쳐진 넓은 벌판

예 **시짱(티베트)고원**은 세계의 지붕이라고 불린다.

교류

交 流

사귈 교 흐를 류

예전부터 교류해서
비슷한 생활 모습이 있어.

뜻 **물건, 문화, 사상 등을 나라, 지역, 개인 간에 서로 주고받는 것**

예 우리나라와 중국, 일본은 지리적으로 가까이 있어 오래전부터 활발하게 **교류**했다.

오늘날에는 교통과
통신 기술의 발달로
더 활발하게 교류해.

정상 회담

頂 上

정수리 정 윗 상

會 談

모일 회 말씀 담

뜻 **두 나라 이상의 최고 통치자가 모여서 하는 회담**

예 대한민국과 러시아의 대통령은 **정상 회담**에서 양국의 미래 지향적 발전 방향 등을 논의했다.

원유

原 油

근원 원 기름 유

사우디아라비아는
세계에서도 손꼽히는
원유 생산 국가예요.

뜻 **땅속에서 뽑아낸, 정제하지 아니한 그대로의 기름**

정제: 어떤 물질에 섞인 다른 물질을 없애 그 물질을 더욱 순수하게 함.

예 우리나라는 산업, 교통 등에 필수 에너지 자원인 **원유**의 대부분을 수입한다.

1일 환경과 생활 모습

게르는 말이야.

며칠 후, 몽골
내가 쓰러졌을 때 이곳으로 가자고 했다며?
스톰을 찾아 이동하다 보니 몽골 유목민들이 생각나서요.
게르는 쉽고 빠르게 조립, 분해할 수 있어 가족과 함께 자주 이동해야 하는 유목 생활에 적합하대요.
후훗
이 천막은 여름의 강한 햇볕을 반사하고 겨울의 추위를 막아 줘서 여름에는 시원하고 겨울에는 따뜻해.
무슨 이야기를 그렇게 재밌게 하는 거야?
흥!
쿽! 스톰에 대한 단서는 찾았어?
으악
북극곰이 북해 쪽으로 가는 스톰을 봤다길래 유럽 쪽 바다란 바다는 다 뒤졌어.
그래서 스톰의 목적지는?
그러다 지중해 주변에서 스톰을 발견했지.

용어 체크

게르

몽골 유목민들이 사는 이동식 천막집으로, 뼈대를 이루는 나무와 뼈대를 덮는 천막(양털로 짠 펠트)으로 이루어졌음.

펠트: 양털이나 다른 짐승의 털에 습기와 열, 압력을 가하여 만든 천

예 몽골의 지형과 기후에 따라 유목 생활을 하고 있는 몽골 사람들은 ❶ (   ) 라고 불리는 집에 산다.

정답 ❶ 게르

낮잠을 잔다고?

에스파냐
이제 시간이 됐으니 가 볼까?
룰루랄라 ~♪
시에스타 풍습이 있는 이곳에 날씨를 숨겨 두기를 잘했어.
사람들이 낮잠을 잘 때 편하게 돌아다니며 내 물건을 찾을 수 있으니까!
호호
도착했어!
TERMINAL
이번에 장만한 스톰의 요트래. 근데 왜 사람들이 안 보이지?
시에스타 시간이에요! 남부 유럽에 있는 에스파냐는 낮이 길고, 한낮에는 굉장히 덥거든요.
그래서 사람들은 점심 식사 후 한두 시간 정도 낮잠을 자거나 휴식을 취해요. 상점, 음식점 등도 문을 닫아서 이렇게 조용한가 봐요.
우선 요트를 살펴볼까?
요트에 아무도 없어. 흩어져서 찾아보자!

용어 체크

에스파냐

유럽의 남서부에 있는 나라로, 수도는 마드리드이며 에스파냐어를 사용함.

예 스페인이라고도 불리는 ❶ [　　　　] 는 세계적인 관광 국가이다.

시에스타

에스파냐, 그리스 등 지중해 연안 국가와 라틴 아메리카에서 볼 수 있는 낮잠을 자는 풍습

예 에스파냐에는 뜨거운 한낮에 낮잠을 자는 ❷ [　　　　] 라는 풍습이 있다.

정답 ❶ 에스파냐 ❷ 시에스타

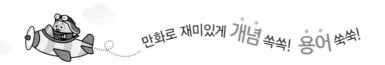

1일 개념 익히기

개념 동영상

1 세계 여러 나라에서 다양한 생활 모습이 나타나는 까닭은 무엇일까?

식 터키의 케밥

- 국민 대부분이 **이슬람교**를 믿어 주로 양고기로 만듦.
- 유목민들이 육류를 쉽고 간단하게 먹으려고 조각내어 구워 먹던 것에서 비롯되었음.

이누이트족은 가장 쉽게 구할 수 있는 동물의 가죽과 털로 옷을 만든대.

의

북극 지방 이누이트족의 **아노락**

주

몽골의 **게르**

식

멕시코의 **타코**

의 인도의 사리

힌두교에서 옷감을 자르거나 바느질하는 것을 바람직하지 않게 여겨 한 장의 천으로 만듦.

주 파푸아 뉴기니의 고상 가옥

- 땅에서 올라오는 열기와 습기를 피하고 **바람**이 잘 통하게 하려고 바닥이 땅에서 떨어지게 지음.
- 빗물이 고이지 않도록 지붕의 경사를 가파르게 만듦.

세계 각 지역의 지형, 기후 등 ❶(자연환경 / 인문 환경)과 풍습, 종교 등 ❷(자연환경 / 인문 환경)이 그곳에 사는 사람들의 생활 모습에 영향을 미치기 때문입니다.

2 다른 나라 사람들의 생활 모습을 대할 때 어떻게 해야 할까?

우리와 다른 다양한 생활 모습

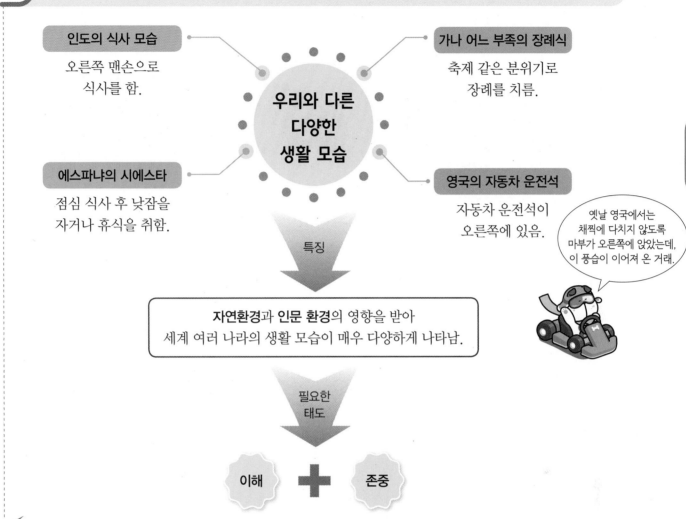

인도의 식사 모습
오른쪽 맨손으로 식사를 함.

가나 어느 부족의 장례식
축제 같은 분위기로 장례를 치름.

에스파냐의 시에스타
점심 식사 후 낮잠을 자거나 휴식을 취함.

영국의 자동차 운전석
자동차 운전석이 오른쪽에 있음.

옛날 영국에서는
채찍에 다치지 않도록
마부가 오른쪽에 앉았는데,
이 풍습이 이어져 온 거래.

특징 ↓

자연환경과 **인문 환경**의 영향을 받아
세계 여러 나라의 생활 모습이 매우 다양하게 나타남.

필요한 태도 ↓

이해 + 존중

세계 여러 나라의 생활 모습은 고유한 가치를 지니고 있으므로 이해하고 ❸(무시 / 존중)하려는 마음가짐이 필요합니다.

정답 ❶ 자연환경 ❷ 인문 환경 ❸ 존중

개념 체크

정답과 풀이 5쪽

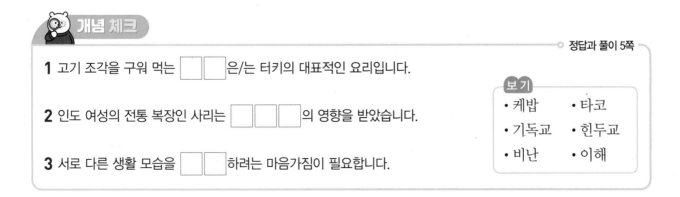

1 고기 조각을 구워 먹는 □□은/는 터키의 대표적인 요리입니다.

2 인도 여성의 전통 복장인 사리는 □□□의 영향을 받았습니다.

3 서로 다른 생활 모습을 □□하려는 마음가짐이 필요합니다.

보기
- 케밥
- 타코
- 기독교
- 힌두교
- 비난
- 이해

개념 확인하기

○ 정답과 풀이 5쪽

빠른 정답 보기

1 북극 지방에 사는 이누이트족의 전통 복장을 찾아 기호를 쓰시오.

㉠ 
▲ 사리

㉡ 
▲ 시카

㉢ 
▲ 아노락

( )

2 다음에서 설명하는 음식으로 알맞은 것은 어느 것입니까? ( )

- 터키의 대표적인 요리입니다.
- 국민 대부분이 이슬람교를 믿는 터키 사람들은 주로 양고기로 만듭니다.

① 카레 ② 케밥 ③ 타코
④ 피자 ⑤ 항이

3 다음 □ 안에 들어갈 알맞은 말은 어느 것입니까? ( )

파푸아 뉴기니의 □

지붕은 경사를 가파르게 만듦.
나무 기둥을 세워 바닥이 땅에서 떨어지게 집을 지음.

① 게르 ② 한옥 ③ 진흙집
④ 갈대 집 ⑤ 고상 가옥

4 세계 여러 나라의 다양한 생활 모습으로 알맞은 것을 보기 에서 모두 찾아 기호를 쓰시오.

보기

㉠ 인도 : 오른쪽 맨손으로 밥을 먹습니다.
㉡ 영국 : 자동차 운전석은 왼쪽에 있습니다.
㉢ 가나 : 모든 부족의 장례식은 엄숙하게 진행됩니다.
㉣ 에스파냐 : 점심 식사 후 낮잠을 자거나 휴식을 취합니다.

(,)

5 세계 여러 나라 사람들의 생활 모습을 대하는 태도로 알맞은 것을 두 가지 고르시오.

(,)

① 무시　② 비난　③ 이해
④ 존중　⑤ 짜증

똑똑한 하루 퀴즈

6 다음 ❶과 ❷의 좌표를 보고, 빈칸에 들어갈 알맞은 말을 글자표에서 찾아 쓰세요.

☆	㉠	㉡	㉢	㉣	㉤
1	판	초	한	옥	리
2	카	르	가	움	아
3	히	잡	사	집	오
4	킬	텐	시	게	자
5	트	피	바	즈	이

좌표 (㉠, 1)은
'판'을 나타내는 거야.

- ❶ (㉣, 4) (㉡, 2)
  ➡ 몽골 유목민들의 이동식 천막집
- ❷ (㉢, 3) (㉤, 1)
  ➡ 인도 여성의 전통 복장

❶ ( ) ❷ ( )

2일 이웃 나라의 환경

위치 추적기로 살펴볼까?

삑
삑
삑
그동안 잘 있었어? 가서 또 놀아 볼까?
스톰이다!
스톰 발견! 스톰 발견! 현재 위치, 좌표로 보내겠음. 스톰이 훔친 날씨를 가지고 있는 것으로……
휘이잉
퀵! 날 찾아온 거야?
꾹
어쩌지, 난 일이 있어서 가 봐야 하는데~
어딜 가든 조심하는 게 좋을 거야. 꼭 잡고 말 테니까.
퀵이 스톰에게 위치 추적기를 달았는데, 지금 이 섬에 스톰이 있는 것 같아.
여긴 일본이에요. 일본은 화산이 많고 온천이 발달했어요. 지진 활동도 활발하고요.
또 태풍의 영향을 많이 받고, 비와 눈이 많이 내려요.
우리 먼저 스톰이 있는 일본으로 출발하자!

용어 체크

온천

땅속에서 자연적으로 더운 물이 솟아 오르는 샘

예 일본은 화산 활동의 영향으로 ❶ [　　] 이 발달했다.

태풍

북태평양 남서부에서 발생하여 아시아 대륙 동부로 불어오는, 폭풍우를 동반한 매우 센 바람

예 자연재해 중 ❷ [　　] 은 강한 바람과 비를 동반한다.

동반: 어떤 현상이 함께 나타남.

정답 ❶ 온천 ❷ 태풍

스톰의 회오리바람이 퀵을 보낸 곳은?

일본
퀵이 이걸 붙였군. 플래시가 곧 도착할 텐데, 계획을 바꿔야겠어.
KOBE PORT
3!
2!
1!
곰작 마
뭐야! 없잖아.
스톰이 위치 추적을 알아채고, 메모를 남겼어요.
플래시! 나도 보고 싶어. 날씨 봉인을 다 풀 때까지 조금만 기다려 줘.
플… 플래시!! 여기로 좀 와 줘~
러시아
스톰의 회오리바람이 날 이곳으로 보냈어. 춥고 어지러워.
에스파냐에서 이곳까지 보내다니! 여긴 세계에서 영토가 가장 넓은 러시아예요.
러시아는 냉대 기후가 널리 나타나서 추워을 거야. 그리고 여긴 동부에 있는 고원인데, 서부로 가면 평원이 넓게 나타나.
참! 일본에서 스톰은 찾았어?
놓쳤어.
근데 갑자기 자장면이 먹고 싶다.
꼬르륵

용어 체크

고원

高	原
높을 고	언덕 원

평야에 비하여 높은 지대에 펼쳐진 넓은 벌판

예 개마 ❶ [ ] 은 우리나라에서 가장 높고 넓은 고원으로, '한반도의 지붕'이라고 부른다.

평원

平	原
평평할 평	언덕 원

넓고 평평한 들판

예 유럽은 북부와 남부에 높은 산지가 있고, 중앙에 넓은 ❷ [ ] 이 펼쳐져 있다.

정답 ❶ 고원 ❷ 평원

2일 **개념 익히기**

개념 동영상

1 우리나라의 서쪽에 있는 중국은 어떤 특징을 가지고 있을까?

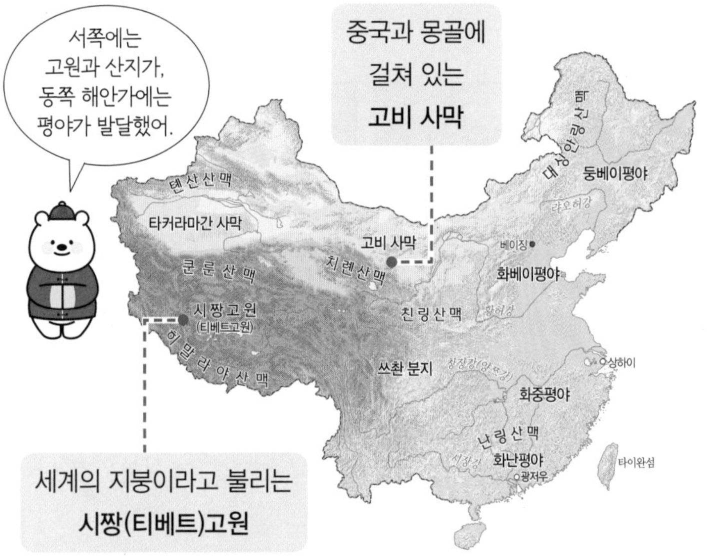

서쪽에는 고원과 산지가, 동쪽 해안가에는 평야가 발달했어.
중국과 몽골에 걸쳐 있는 고비 사막
톈산 산맥
타커라마간 사막
쿤룬 산맥
시짱고원 (티베트고원)
히말라야 산맥
고비 사막
치롄 산맥
친링 산맥
쓰촨 분지
대싱안링 산맥
둥베이평야
베이징
화베이평야
상하이
화중평야
난링 산맥
화난평야
광저우
타이완섬
세계의 지붕이라고 불리는 시짱(티베트)고원

자연환경
- 다양한 지형과 기후가 나타남.
- 서쪽에서 동쪽으로 갈수록 지형이 낮아짐.

인문 환경
- 세계에서 **인구**가 가장 많음.
- 동부 지역 바닷가에 주요 항구와 대도시가 있음.

☑ 중국은 세계에서 인구가 가장 ❶(많고 / 적고) 지역마다 다양한 지형과 기후가 나타납니다.

2 세계에서 영토가 가장 넓은 러시아의 환경을 살펴볼까?

유럽
아시아

◀ 아시아와 유럽을 구분하는 경계가 되는 **우랄산맥**

동유럽 평원
모스크바
우랄 산맥
서시베리아 저지대
중앙시베리아고원
베르호얀스크산맥
오이먀콘
사얀산맥
야블로노비산맥
블라디보스토크

자연환경
- **냉대 기후**가 널리 나타남.
- 동부는 주로 고원과 산악 지대이며, 서부는 평원이 넓게 자리함.

인문 환경
- 대부분의 인구가 서남부 지역에 집중해 있음.
- 풍부한 천연자원을 바탕으로 한 산업이 발달했음.

☑ 러시아는 위도가 높아 냉대 기후가 널리 나타나고, 유럽과 가까운 서남부 지역에 사람들이 많습니다.

이웃 나라의 환경

3 우리나라의 동쪽에 있는 일본은 어떤 특징을 가지고 있을까?

▲ 온천이 발달한 아소산

홋카이도
삿포로
센다이
혼 슈
후지산
도쿄
교토
오사카
시코쿠
후쿠오카
규 슈
가고시마
0 100 km
일본은 태풍과 지진의 영향을 많이 받아.

일본은 습하고 비와 눈이 많이 내려.

▲ 도쿄를 중심으로 한 게이힌 공업 지역

자연환경

- 네 개의 큰 섬과 3,000개가 넘는 작은 섬들로 이루어졌음.
- 국토 대부분이 **산지**이며 **화산**이 많음.

인문 환경

원료 수입과 제품 수출에 유리한 태평양 연안을 따라 공업 지역이 발달했음.

(연안: 강이나 호수, 바다를 따라 잇닿아 있는 육지)

일본은 화산이 ❶(많고 / 적고) 지진 활동이 활발하며, ❷(대서양 / 태평양) 연안을 따라 공업 지역이 발달했습니다.

정답 ❶ 많고 ❷ 태평양

개념 체크

정답과 풀이 5쪽

1 중국은 서쪽에서 동쪽으로 갈수록 지형이 ☐아집니다.

2 러시아는 대부분의 인구가 ☐☐☐ 지역에 집중해 있습니다.

3 일본은 국토 대부분이 ☐☐입니다.

보기

- 높
- 낮
- 동북부
- 서남부
- 산지
- 평야

2일 개념 확인하기

정답과 풀이 5쪽

[1~2] 다음 지도를 보고, 물음에 답하시오.

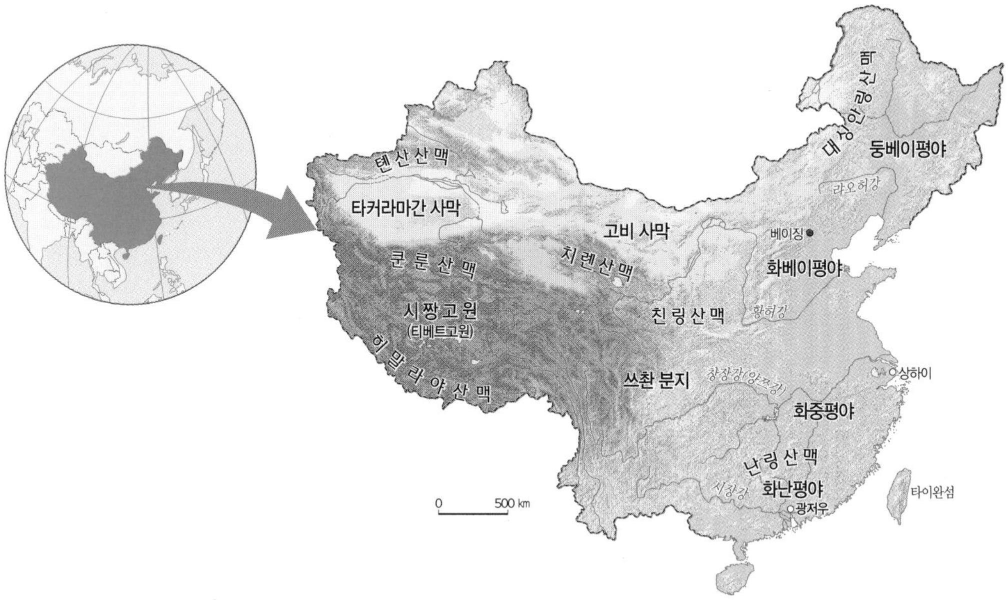
텐산산맥
타커라마간 사막
쿤룬산맥
시짱고원
(티베트고원)
히말라야산맥
고비 사막
치롄산맥
친링산맥
쓰촨 분지
창장강(양쯔강)
화중평야
난링산맥
시장강
화난평야
광저우
타이완섬
상하이
황허강
화베이평야
베이징
랴오허강
둥베이평야
대싱안링산맥
0
500 km

1 위 지도에 나타난 이웃 나라는 어디입니까? (　　　　)

① 몽골　② 일본　③ 인도
④ 중국　⑤ 러시아

2 위 **1**번 답에 대한 설명으로 알맞지 않은 것은 어느 것입니까? (　　　　)

① 우리나라의 서쪽에 있다.
② 세계에서 영토가 가장 넓다.
③ 세계에서 인구가 가장 많다.
④ 지역마다 다양한 기후가 나타난다.
⑤ 서쪽에서 동쪽으로 갈수록 지형이 낮아진다.

3 아시아와 유럽을 구분하는 경계가 되는 것은 어느 것입니까? (　　　　)

① 적도　② 시짱고원　③ 우랄산맥
④ 고비 사막　⑤ 히말라야산맥

4 우리나라와 이웃한 나라에 대한 설명으로 알맞은 것을 보기 에서 모두 찾아 기호를 쓰시오.

보기
㉠ 일본은 지진 활동이 활발합니다.
㉡ 러시아는 천연자원이 거의 생산되지 않습니다.
㉢ 중국은 동부 지역 바닷가에 대도시가 있습니다.
㉣ 러시아의 동부에는 평원이 넓게 자리하고 있습니다.

(,)

집중 연습 문제 **일본**

5 일본과 관련 있는 사진을 찾아 기호를 쓰시오.

㉠

▲ 온천이 발달한 아소산

㉡

▲ 세계의 지붕이라고 불리는 시짱(티베트)고원

( )

㉠, ㉡ 사진은 어느 나라와 관련 있는지 써 볼까?

• ㉠ ➔ ◯◯
• ㉡ ➔ ◯◯

6 일본에 대한 설명으로 알맞은 것을 두 가지 고르시오. (,)

① 화산이 많다.
② 섬이 거의 없다.
③ 국토 대부분이 평야이다.
④ 비와 눈이 거의 내리지 않는다.
⑤ 태평양 연안을 따라 공업 지역이 발달했다.

각종 지도나 사진, 영상 자료 등을 활용해 이웃 나라의 자연환경과 인문 환경을 살펴볼 수 있어.

3일 이웃 나라의 생활 및 교류 모습

젓가락 문화가 발달한 나라는?

중국
중국에 와서 자장면을 먹다니~
이걸로 먹어야 해? 포크도 안 주고 먹기 힘들겠는데?
홍주는 젓가락질을 잘하는데?
한국, 중국, 일본에는 젓가락을 사용하는 문화가 있거든요. 그래서 익숙해요.
세 나라가 어떻게 같은 식사 도구를 사용하게 된 거야?
고대 중국에서 사용하던 젓가락이 교류를 통해 우리나라, 일본에 전해졌거든.
지리적으로 가까우니까 오래전부터 활발하게 교류한 거구나.
네. 세 나라에는 젓가락 말고도 비슷한 문화가 또 있어요.
모두 한자를 사용하고, 유교 문화의 영향으로 웃어른을 공경해요. 불교문화의 영향으로 만들어진 절도 있고요.
父母
에잇!
후루룩
쿼, 좀 전에 먹기 힘들 것 같다며?
배도 채웠으니, 다시 시작해 볼까?

용어 체크

교류

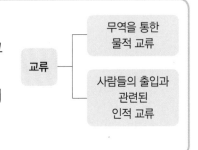

서로 다른 개인, 지역, 나라 사이에서 물건이나 문화, 사상 등을 서로 주고받는 것

예 우리나라는 이웃 나라와 정치, 경제, 문화 등 다양한 분야에서 ❶ [　　　] 하고 있다.

교류
- 무역을 통한 물적 교류
- 사람들의 출입과 관련된 인적 교류

정답 ❶ 교류

서로 교류하며 협력해!

이게 뭐야? 왜 이렇게 뿌옇지?
콜록
콜록
미세 먼지야. 마스크를 써야겠어.
오염 물질이 바람을 타고 이동해서 이웃 나라에도 영향을 줄 텐데…….
그래서 한국, 중국, 일본의 환경 장관들이 모여 회의를 한 적이 있어요. 미세 먼지와 관련된 정책, 기술을 공유하기로 했고요.
미세 먼지가 심하니까 얼른 안으로 들어가자. 좋은 장소가 생각났어.
에취
와~ 집이다.
그런데 둘이 가까워진 것 같단 말이야.
뉴스나 볼까?
정상 회담이라~ 한국과 러시아 두 나라가 정치적 교류를 하고 있구나.
한·러 정상 회담 개최
우리나라는 이웃 나라와 교류하며 여러 문제를 해결하려고 함께 노력해요.
재미있는 방송이 없나?
어~ 저것 좀 보세요!

용어 체크

정상 회담

두 나라 이상의 최고 통치자가 모여서 하는 회담

예 남과 북은 남북 ❶ [ ] 을 개최해 한반도 평화를 위해 노력하기로 뜻을 모았다.

정상	국가를 다스리는 최고 자리에 있는 사람
+	
회담	어떤 문제를 가지고 거기에 관련된 사람들이 한자리에 모여서 하는 토의

정답 ❶ 정상 회담

3일 개념 익히기

개념 동영상

1 우리나라와 이웃 나라 사람들의 생활 모습을 비교해 볼까?

러시아

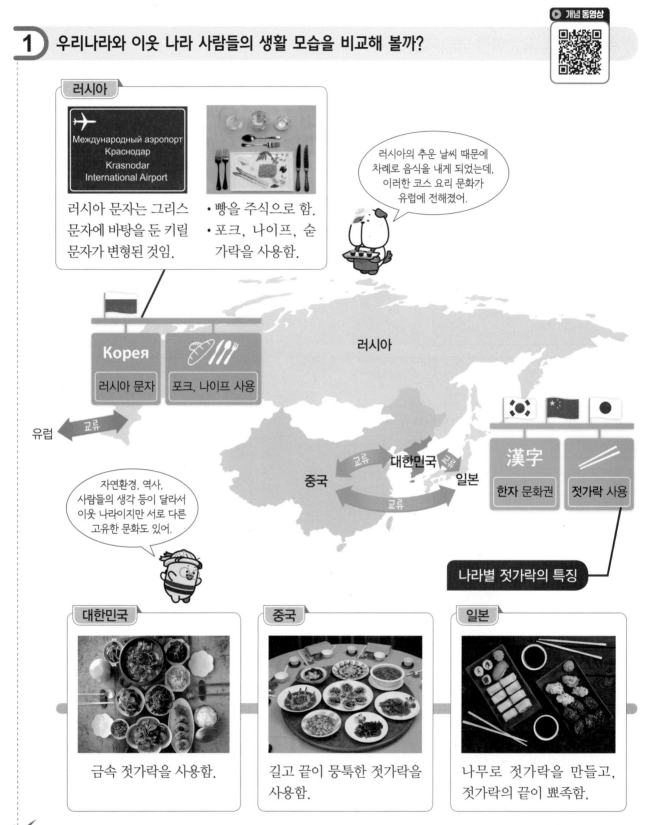

Международный аэропорт
Краснодар
Krasnodar
International Airport

러시아 문자는 그리스 문자에 바탕을 둔 키릴 문자가 변형된 것임.

- 빵을 주식으로 함.
- 포크, 나이프, 숟가락을 사용함.

러시아의 추운 날씨 때문에 차례로 음식을 내게 되었는데, 이러한 코스 요리 문화가 유럽에 전해졌어.

Корея
러시아 문자
포크, 나이프 사용
러시아
유럽
교류
대한민국
중국
일본
교류
교류
교류
漢字
한자 문화권
젓가락 사용

자연환경, 역사, 사람들의 생각 등이 달라서 이웃 나라이지만 서로 다른 고유한 문화도 있어.

나라별 젓가락의 특징

대한민국

금속 젓가락을 사용함.

중국

길고 끝이 뭉툭한 젓가락을 사용함.

일본

나무로 젓가락을 만들고, 젓가락의 끝이 뾰족함.

우리나라와 중국, 일본은 오래전부터 활발하게 교류하여 비슷한 생활 모습이 있지만, 러시아는 유럽에 가까운 ❶(동부 / 서부) 지역에 많은 사람이 살며 교류하여 생활 모습이 유럽과 비슷합니다.

2 우리나라와 이웃 나라의 교류 모습을 살펴볼까?

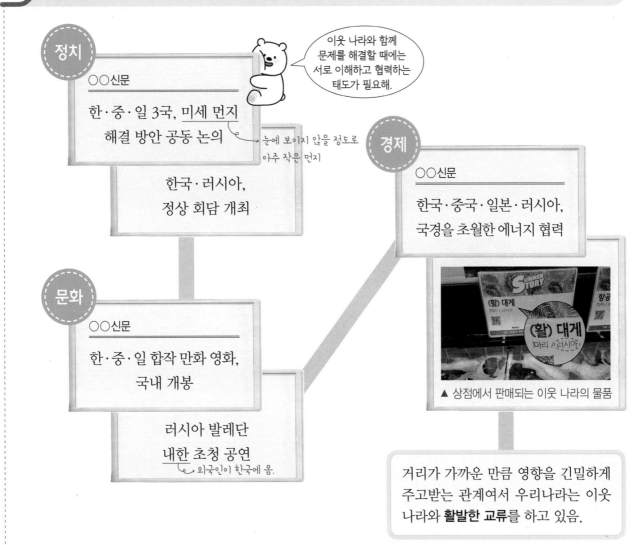

정치

이웃 나라와 함께 문제를 해결할 때에는 서로 이해하고 협력하는 태도가 필요해.

○○신문

한·중·일 3국, 미세 먼지 해결 방안 공동 논의

(미세 먼지: 눈에 보이지 않을 정도로 아주 작은 먼지)

한국·러시아, 정상 회담 개최

경제

○○신문

한국·중국·일본·러시아, 국경을 초월한 에너지 협력

(활) 대게
1마리 / 러시아

▲ 상점에서 판매되는 이웃 나라의 물품

문화

○○신문

한·중·일 합작 만화 영화, 국내 개봉

러시아 발레단 내한 초청 공연

(내한: 외국인이 한국에 옴.)

거리가 가까운 만큼 영향을 긴밀하게 주고받는 관계여서 우리나라는 이웃 나라와 **활발한 교류**를 하고 있음.

✔ 우리나라는 이웃 나라와 **정치·경제·문화 등 ❷(한 가지 / 다양한) 분야에서 활발한 교류**를 하고 있습니다.

정답 ❶ 서부 ❷ 다양한

개념 체크

정답과 풀이 6쪽

1 우리나라와 중국, 일본은 □□ 문화권에 속합니다.

2 일본에서는 끝이 □□한 젓가락을 사용합니다.

3 이웃 나라와 정상 회담을 개최하는 것은 □□ 교류 사례에 해당합니다.

보기
- 영어
- 한자
- 뾰족
- 뭉툭
- 경제
- 정치

3일 개념 확인하기

빠른 정답 보기 ◦ 정답과 풀이 6쪽

[1~2] 다음 자료를 보고, 물음에 답하시오.

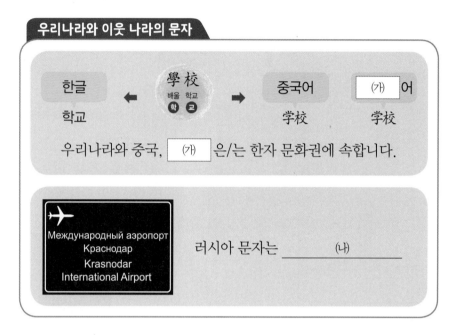

우리나라와 이웃 나라의 문자

한글	←	學校 (배울 학, 학교 교)	→	중국어	(가)어
학교				学校	学校

우리나라와 중국, (가) 은/는 한자 문화권에 속합니다.

Международный аэропорт
Краснодар
Krasnodar
International Airport

러시아 문자는 ______(나)______

1 위 자료의 ㈎에 들어갈 나라는 어디입니까? (   )

① 독일　② 일본　③ 프랑스
④ 그리스　⑤ 에스파냐

2 위 자료의 ㈏에 들어갈 내용을 보기 에서 찾아 기호를 쓰시오.

보기
㉠ 한자어가 많습니다.
㉡ 한글의 자음과 모음으로 이루어졌습니다.
㉢ 그리스 문자에 바탕을 둔 키릴 문자가 변형된 것입니다.

(   )

3 러시아 사람들의 생활 모습으로 알맞은 것을 두 가지 고르시오. (,   )

① 빵을 주식으로 한다.
② 식사할 때 젓가락만 사용한다.
③ 오른쪽 맨손으로 밥을 먹는다.
④ 모든 음식을 식탁에 다 차린 후에 먹는다.
⑤ 추운 날씨의 영향으로 음식을 차례로 낸다.

4 다음 신문 기사 제목과 관련 있는 교류 분야를 찾아 줄로 이으시오.

(1) 한국 · 러시아, 정상 회담 개최 •　　• ㉠ 정치 교류

(2) 러시아 발레단 내한 초청 공연 •　　• ㉡ 경제 교류

(3) 러시아에서 대게 등 수산물 수입 •　　• ㉢ 문화 교류

집중 연습 문제 이웃 나라의 식생활

5 일본의 식사 도구에 대한 설명으로 알맞은 것을 보기에서 찾아 기호를 쓰시오.

보기
㉠ 금속 젓가락을 사용합니다.
㉡ 나무로 젓가락을 만듭니다.
㉢ 젓가락의 끝이 뭉툭합니다.

(　　　　　　　　)

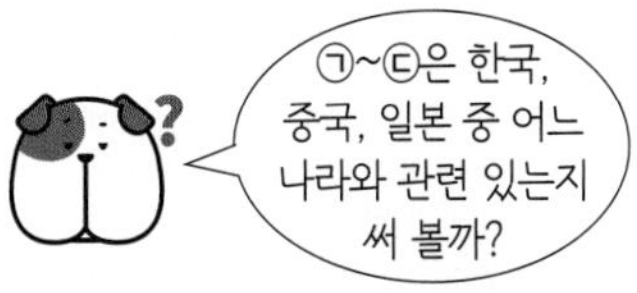
㉠~㉢은 한국, 중국, 일본 중 어느 나라와 관련 있는지 써 볼까?

• ㉠ → ◯ ◯
• ㉡ → ◯ ◯
• ㉢ → ◯ ◯

6 다음 생활 모습과 관련 있는 이웃 나라를 쓰시오.

둥글고 큰 식탁에 빙 둘러앉아 음식을 한가운데 두고 먹기 편하도록 긴 젓가락을 사용합니다.

(　　　　　　　　)

한·중·일 세 나라의 젓가락은 각 나라 문화의 영향을 받아 모양이 나라마다 조금씩 달라.

4일 우리나라와 관계 깊은 나라

이번에는 베트남이야?

스톰이 왜 저기 있는 거야?
베트남 현지 생방송
K-POP 페스티벌
멀리서 오셨다는 팬과 인터뷰해 보겠습니다. 직접 무대를 본 소감 좀 말씀해 주세요.
한국의 대중음악을 베트남에서 즐길 수 있어서 기뻐요. 그리고 곧 엄청난 쇼가 시작되니까 전 세계 지구인들~ 여길 주목해 줘요.
스톰은 저 페스티벌을 얘기하는 게 아냐. 저기에서 봉인을 풀고, 자신만의 쇼를 하겠다는 거야!
잠시만! 페스티벌이 열리는 곳의 위치 좌표를 찾고 있어.
그런데 우리가 가려는 베트남은 어떤 곳이야? 쌀국수가 유명하다는 것만 알고 있거든.
베트남은 동남아시아 동부에 있는 나라예요. 세계에 쌀을 많이 수출하고 경공업, 관광 산업 등도 발달했대요.
기후는?
덥고 습해요.
목적지 좌표 설정 완료!
꼭 잡고 말겠어.

용어 체크

수출

국내의 상품, 기술 등을 외국으로 팔아 내보내는 것

예 우리나라는 주로 반도체, 자동차 등을 ❶ [ ] 한다.

경공업

식료품, 섬유, 종이 등 비교적 가벼운 물건을 만드는 산업

예 1960년대에 우리나라 기업은 섬유, 신발 등과 같은 ❷ [ ] 제품을 만들어 수출하며 성장했다.

정답 ❶ 수출 ❷ 경공업

와~ 한국의 문화가 큰 인기를 끌고 있어!

베트남
난 공연장 안에서 스톰을 찾아볼게. 홍주와 퀵은 이쪽에 숨어서 스톰이 밖으로 나오는지 살펴봐.
오케이!
K-POP 팬이 이렇게 많아?
동남아시아 지역에서는 한국의 대중음악, 드라마 등이 인기가 많아. 한류 문화의 주요 수출 시장이야.
그런데 대한민국은 수입은 안 하고 수출만 해?
미국
서남아시아
아니. 나라마다 환경이 다르니까 수입도 하지. 미국 등에서 밀을, 서남아시아 지역 등에서 원유를 수입하는 것처럼 말이야.
스톰 발견! 스톰 발견! 플래시! 듣고 있어?
슬금
슬금
빨리 플래시 형사님께 연락해! 내가 스톰을 따라가 볼게.
바다로 가고 있어. 저기서 뭘 하려는 거지?

용어 체크

한류

우리나라의 대중문화 요소가 외국에서 유행하는 현상

예 한국의 대중음악 등 ❶ ______ 열풍을 타고 한국어를 배우려는 외국인이 늘어나고 있다.

(열풍: 어떤 일이 사회에 거세게 일어나는 일을 비유적으로 이르는 말)

수입

다른 나라로부터 상품이나 기술 등을 국내로 사들이는 것

예 사우디아라비아는 우리나라가 원유를 ❷ ______ 하는 대표적인 나라이다.

정답 ❶ 한류 ❷ 수입

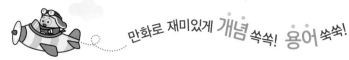

4일 개념 익히기

1 우리나라와 관계 깊은 나라의 환경을 소개하는 신문을 만들어 볼까?

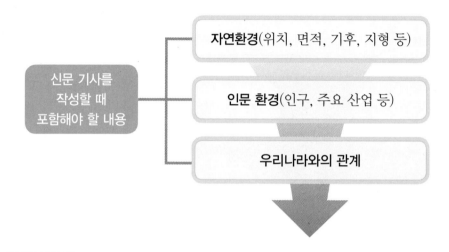

신문 기사를 작성할 때 포함해야 할 내용
- **자연환경**(위치, 면적, 기후, 지형 등)
- **인문 환경**(인구, 주요 산업 등)
- **우리나라와의 관계**

베트남편

쌀 수출 강국, 베트남

이하루 기자

우리나라와의 관계 — 베트남은 우리나라와 활발하게 교류하는 대표적인 국가입니다. 우리나라가 수출을 많이 하는 나라 중 하나이며, 베트남 사람들은 기업 등에서 일하려고 우리나라에 많이 들어와 살고 있습니다.

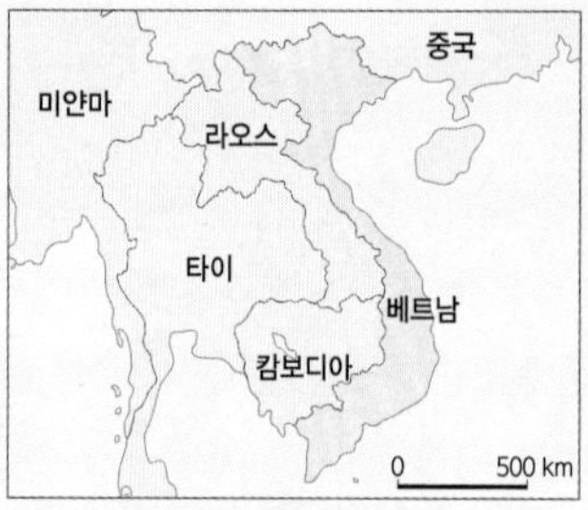

중국
미얀마
라오스
타이
베트남
캄보디아
0 500 km

▲ 베트남의 위치

자연환경 — 동남아시아 동부에 있는 베트남의 면적은 남한의 약 세 배입니다. 이곳의 기후는 대체로 덥고 습한 편입니다.

인문 환경 — 넓은 평야를 중심으로 벼가 많이 재배되어 쌀을 많이 수출합니다. 또한 노동력이 풍부해서 섬유 산업 등 경공업이 발달했습니다.

나라마다 환경이 달라 서로 필요한 도움을 주고받을 수 있기 때문에 교류가 활발하게 이루어지고 있어.

사우디아라비아편

세계 주요 원유 수출국, 사우디아라비아

김지율 기자

우리나라는 원유가 거의 생산되지 않아서 다른 나라로부터 수입해야 합니다. 사우디아라비아는 우리나라가 원유를 수입하는 대표적인 나라입니다.

사우디아라비아의 면적은 한반도 면적의 약 열 배이지만 인구는 우리나라의 약 2/3입니다. 이곳은 연평균 기온이 30 ℃ 이상으로 덥고 건조합니다.

⋮

☑ 지형, ❶(기후 / 인구) 등 **자연환경**과 ❷(기후 / 인구), 주요 산업 등 **인문 환경, 우리나라와의 관계** 등이 포함되도록 신문 기사를 작성합니다.

2 우리나라는 세계 여러 나라와 어떻게 교류하고 있을까?

개념 동영상

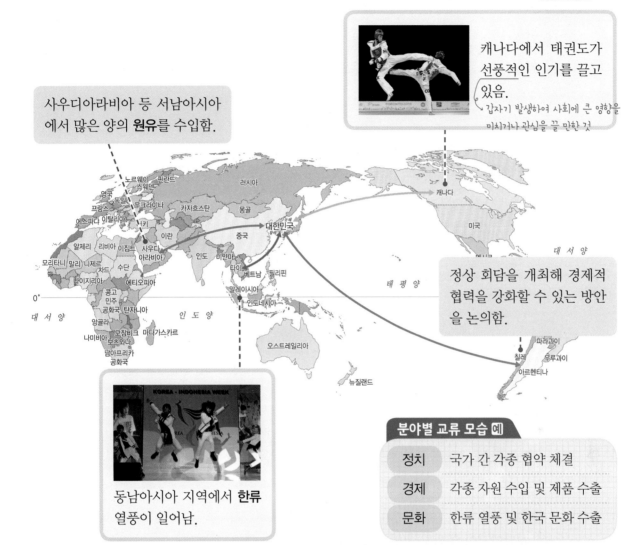

캐나다에서 태권도가 선풍적인 인기를 끌고 있음.

선풍적: 갑자기 발생하여 사회에 큰 영향을 미치거나 관심을 끌 만한 것

사우디아라비아 등 서남아시아에서 많은 양의 **원유**를 수입함.

노르웨이
핀란드
스웨덴
러시아
영국
독일
우크라이나
카자흐스탄
프랑스
몽골
에스파냐
이탈리아
터키
대한민국
이란
중국
알제리
리비아
이집트
사우디아라비아
인도
미얀마
모리타니
말리
니제르
차드
수단
타이
베트남
필리핀
나이지리아
에티오피아
말레이시아
0°
콩고 민주 공화국
탄자니아
인도네시아
대 서 양
인 도 양
앙골라
모잠비크
마다가스카르
나미비아
보츠와나
남아프리카 공화국
오스트레일리아
뉴질랜드
캐나다
미국
대 서 양
태 평 양
파라과이
칠레
우루과이
아르헨티나

정상 회담을 개최해 경제적 협력을 강화할 수 있는 방안을 논의함.

동남아시아 지역에서 **한류** 열풍이 일어남.

분야별 교류 모습 예

정치	국가 간 각종 협약 체결
경제	각종 자원 수입 및 제품 수출
문화	한류 열풍 및 한국 문화 수출

우리나라는 세계 여러 나라와 정치·경제·문화적으로 활발하게 교류하며 깊은 관계를 맺고 있습니다.

정답 ❶ 기후 ❷ 인구

개념 체크

정답과 풀이 6쪽

1 동남아시아에 있는 ☐☐☐은/는 쌀을 많이 수출합니다.

2 우리나라는 사우디아라비아에서 원유를 ☐☐합니다.

3 자원을 수입하거나 제품을 수출하는 것은 ☐☐적 교류에 해당합니다.

보기
- 러시아
- 베트남
- 수출
- 수입
- 경제
- 문화

○ 정답과 풀이 6쪽 빠른 정답 보기

1 우리나라와 관계 깊은 나라의 인문 환경을 소개하기 위해 조사해야 할 내용은 어느 것입니까? (　　　　)

① 기후　　② 면적　　③ 위치
④ 지형　　⑤ 주요 산업

2 다음은 베트남을 소개하는 신문 기사입니다. ㈎ 부분에 들어갈 내용으로 알맞은 것을 보기에서 모두 찾아 기호를 쓰시오.

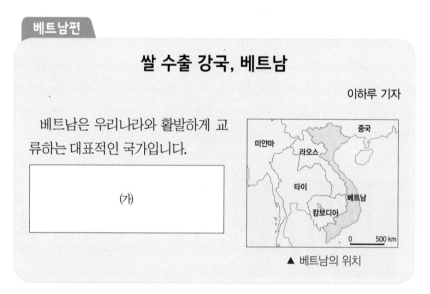

베트남편

쌀 수출 강국, 베트남

이하루 기자

베트남은 우리나라와 활발하게 교류하는 대표적인 국가입니다.

㈎

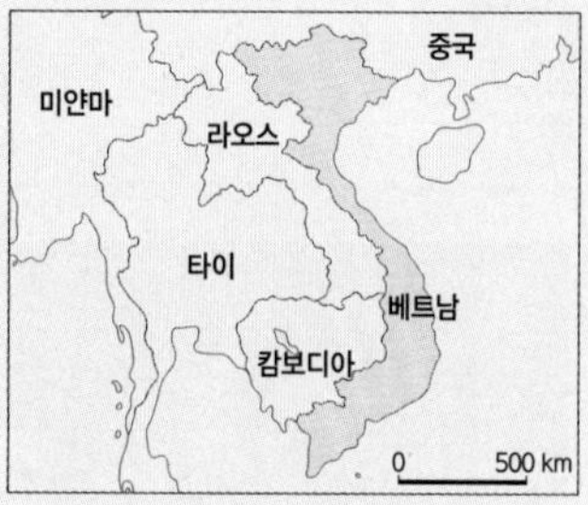

중국
미얀마
라오스
타이
베트남
캄보디아
0 500 km

▲ 베트남의 위치

보기
㉠ 서남아시아에 위치해 있습니다.
㉡ 기후는 대체로 춥고 건조한 편입니다.
㉢ 섬유 산업 등 경공업이 발달했습니다.
㉣ 넓은 평야를 중심으로 벼가 많이 재배됩니다.

(　　　　,　　　　)

3 우리나라가 사우디아라비아에서 주로 수입하는 것은 어느 것입니까? (　　　　)

① 쌀　　② 원유　　③ 반도체
④ 자동차　　⑤ 휴대 전화

4 우리나라가 세계 여러 나라와 문화적으로 교류하는 모습을 다룬 신문 기사를 찾아 기호를 쓰시오.

㉠

KOREA - INDONESIA WEEK

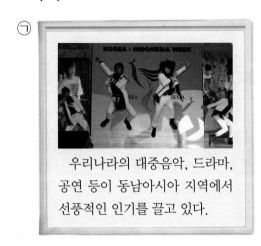

우리나라의 대중음악, 드라마, 공연 등이 동남아시아 지역에서 선풍적인 인기를 끌고 있다.

㉡

우리나라는 산업, 교통 등에 필수 에너지 자원인 원유를 주로 서남아시아에서 수입하고 있다.

( )

5 정치적 교류 사례에 해당하는 것을 보기 에서 찾아 기호를 쓰시오.

보기
㉠ 한국 문화를 수출합니다.
㉡ 국가 간 각종 협약을 체결합니다.
㉢ 다른 나라에 제품과 기술 등을 수출합니다.

( )

똑똑한 하루 퀴즈

6 다음 ❶과 ❷에 해당하는 용어를 글자 칸에서 찾아 각각 쓰세요.

자
인
환
한
요
연
문
경
소
기
대
류

❶ 우리를 둘러싸고 있는 모든 것 중 사람이 만들지 않은 것 예 지형, 기후 등은 □□□□에 해당한다.

❷ 우리나라의 대중문화 요소가 외국에서 유행하는 현상 예 □□ 열풍

❶ ( ) ❷ ( )

2주 마무리하기 핵심

1 세계 여러 나라 사람들의 다양한 생활 모습

환경은 세계 여러 나라 사람들의 생활 모습에 영향을 미쳐.

① 다양한 생활 모습이 나타나는 까닭

세계 여러 나라의 자연환경과 인문 환경이 매우 다양함. ➡ 자연환경과 인문 환경의 영향을 받아 각기 다른 생활 모습이 나타남.

▲ 인도의 전통 복장, 사리

▲ 터키의 음식, 케밥

▲ 파푸아 뉴기니의 고상 가옥

② 다양한 생활 모습을 대하는 태도 : 서로 다른 생활 모습을 이해하고 존중합니다.

2 우리나라와 이웃한 나라

중국과 일본의 생활 모습은 우리나라와 비슷한 부분이 많아.

① 이웃 나라의 자연환경과 인문 환경

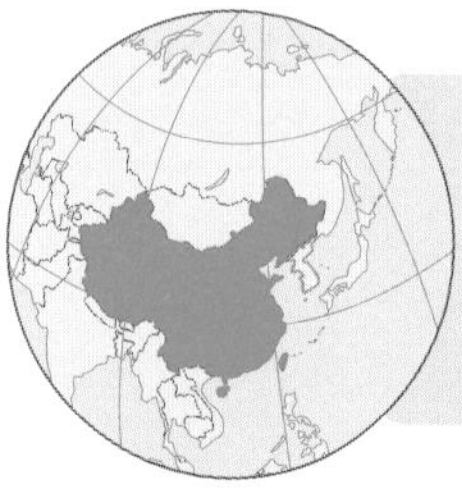

중국
- 지역마다 다양한 지형과 기후가 나타남.
- 세계에서 인구가 가장 많고, 여러 산업이 발달했음.

일본
- 섬나라이며, 화산이 많고 지진 활동이 활발함.
- 태평양 연안을 따라 공업 지역이 발달했음.

러시아
- 세계에서 영토가 가장 넓고, 냉대 기후가 널리 나타남.
- 풍부한 천연자원을 바탕으로 한 산업이 발달했음.

② 이웃 나라와의 교류 모습 : 우리나라와 이웃 나라는 다양한 분야에서 활발한 교류를 하고 있습니다.

3 우리나라와 세계 여러 나라의 상호 의존 관계

활발하게 교류하면서 서로에게 미치는 영향이 더욱 커지고 있어.

① 다른 나라와 밀접한 관계를 맺고 있는 우리나라 : 나라마다 환경이 달라 서로 필요한 도움을 주고받으려고 활발하게 교류합니다.

터키
투르크메니스탄
키프로스
시리아
레바논
이스라엘
요르단
이라크
이란
아프가니스탄
쿠웨이트
이집트
바레인
카타르
파키스탄
사우디아라비아
아랍 에미리트
오만
수단
에리트레아
예멘

땅을 파고 땅속에 묻혀 있는 광물 등을 캐냄.

◀ 원유를 채굴하는 모습

우리나라에서 거의 생산되지 않는 원유가 생산되는 자연환경 때문에 우리나라와 활발하게 교류하고 있음.

② 상호 의존 관계 : 우리나라는 세계 여러 나라와 정치·경제·문화 면에서 활발하게 교류하며 서로 의존하고 있습니다.

Talk Talk

100%

우리나라와 중국, 일본의 젓가락 특징이 나라마다 조금씩 다르다는 사실을 알고 있니?

물론이지. 중국은 뜨겁고 기름진 음식이 미끄러지지 않도록 젓가락의 끝이 뭉툭하지만,

일본은 생선 요리가 많아 가시를 편하게 바를 수 있도록 젓가락의 끝이 뾰족해.

맞아. 우리나라는 젓가락으로 집는 반찬이 무게가 있고, 김치처럼 절인 음식이 많아 국물이 스며들지 않는 금속 젓가락을 사용해.

1일 환경과 생활 모습

[1~2] 다음 세계 여러 나라의 생활 모습을 보고, 물음에 답하시오.

인도의 전통 복장, **사리**

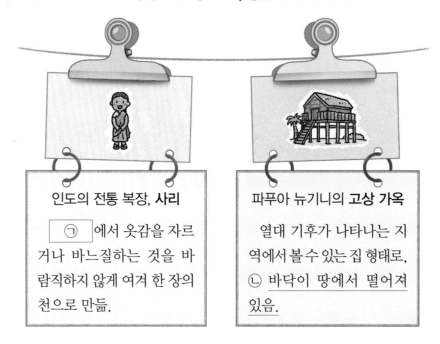

㉠ 에서 옷감을 자르거나 바느질하는 것을 바람직하지 않게 여겨 한 장의 천으로 만듦.

파푸아 뉴기니의 **고상 가옥**

열대 기후가 나타나는 지역에서 볼 수 있는 집 형태로, ㉡ 바닥이 땅에서 떨어져 있음.

1 위 ㉠에 들어갈 알맞은 종교를 찾아 ○표를 하시오.

불교　　기독교　　힌두교　　이슬람교

서술형

2 위 ㉡과 같이 집을 지은 까닭을 쓰시오.

3 세계 여러 나라의 생활 모습을 대하는 태도로 알맞지 않은 것은 어느 것입니까? (　　　)

① 입장을 바꿔 생각한다.

② 서로 다른 모습을 이해한다.

③ 생활 모습이 다양함을 인정한다.

④ 다른 나라의 문화를 부정적으로 평가한다.

⑤ 우리와 다르다고 해서 이상하게 생각하지 않고 존중한다.

빠른 정답 보기
정답과 풀이 7쪽

2일 이웃 나라의 환경

4 **중국에 대해 알맞게 말한 어린이를 두 명 고르시오.** (　　　,　　　)

① 현우 : 우리나라보다 인구가 적어.

② 이현 : 영토가 넓어서 다양한 지형이 나타나.

③ 영리 : 서쪽에서 동쪽으로 갈수록 지형이 높아져.

④ 소이 : 동부 지역 바닷가에 주요 항구와 대도시가 있어.

⑤ 소민 : 네 개의 큰 섬과 3,000개가 넘는 작은 섬들로 이루어졌어.

5 **다음에서 설명하는 나라는 어디입니까?** (　　　　)

- 우리나라의 동쪽에 있는 이웃 나라입니다.
- 화산이 많고 지진 활동이 활발한 섬나라입니다.

① 몽골　　② 중국　　③ 일본　　④ 인도　　⑤ 바티칸 시국

6 **오른쪽 지구본의 (가) 나라에 대한 설명으로 알맞은 것을 보기 에서 찾아 기호를 쓰시오.**

(가)

보기

㉠ 세계에서 영토가 가장 넓습니다.
㉡ 대부분의 인구가 동북부 지역에 집중해 있습니다.
㉢ 적도 부근에 위치해 주로 열대 기후가 나타납니다.

(　　　　　　　　)

3일 이웃 나라의 생활 및 교류 모습

7 우리나라와 함께 한자 문화권에 속한 나라를 두 곳 고르시오. (　　,　　)

① 일본　② 미국　③ 중국
④ 러시아　⑤ 캐나다

8 다음 ㉠과 ㉡에 들어갈 말이 알맞게 짝 지어진 것은 어느 것입니까? (　　)

일본
- 섬나라 특성상 쉽게 녹슬지 않는 ㉠ (으)로 젓가락을 만듭니다.
- 생선 요리가 많아 가시를 편하게 바를 수 있도록 젓가락의 끝이 ㉡ 합니다.

	㉠	㉡
①	금속	뾰족
②	금속	뭉툭
③	나무	뾰족
④	나무	뭉툭
⑤	고무	뭉툭

9 우리나라와 러시아가 정치적으로 교류하는 사례를 보기 에서 찾아 기호를 쓰시오.

보기
㉠ 러시아에서 수산물을 수입했습니다.
㉡ 러시아 발레단의 내한 초청 공연을 봤습니다.
㉢ 우리나라와 러시아 양국의 대통령은 정상 회담에서 미래 지향적 발전 방안 등을 논의했습니다.

(　　　　)

4일 우리나라와 관계 깊은 나라

10 우리나라가 사우디아라비아와 활발하게 교류하는 까닭으로 알맞은 것에 ○표를 하시오.

(1) 발달한 산업이 같기 때문입니다. (　　　)

(2) 환경이 다르게 나타나기 때문입니다. (　　　)

(3) 국경을 마주하고 있는 이웃 나라이기 때문입니다. (　　　)

2주

11 다음 분야와 관련 있는 교류 사례를 찾아 줄로 이으시오.

(1) 정치적 교류 • 　　　　• ㉠ 한류 열풍

(2) 경제적 교류 • 　　　　• ㉡ 각종 자원 수입

(3) 문화적 교류 • 　　　　• ㉢ 국가 간 각종 협약 체결

똑똑한 하루 퀴즈

12 다음 힌트를 보고, 정답인 나라에 ○표를 하세요.

이곳은 어디일까요?

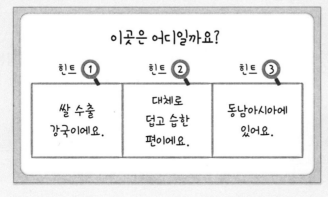

힌트 1	힌트 2	힌트 3
쌀 수출 강국이에요.	대체로 덥고 습한 편이에요.	동남아시아에 있어요.

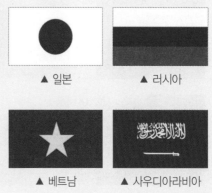

▲ 일본

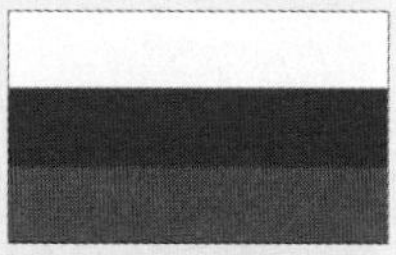
▲ 러시아

▲ 베트남

▲ 사우디아라비아

2주 누구나 100점 TEST

맞은 개수 /10개

1 얇게 썬 고기 조각을 구워 먹는 요리인 케밥은 어느 나라의 음식입니까? (　　　　)

① 일본　　② 인도
③ 터키　　④ 베트남
⑤ 멕시코

2 다음 빈칸에 들어갈 사진으로 알맞은 것은 어느 것입니까? (　　　　)

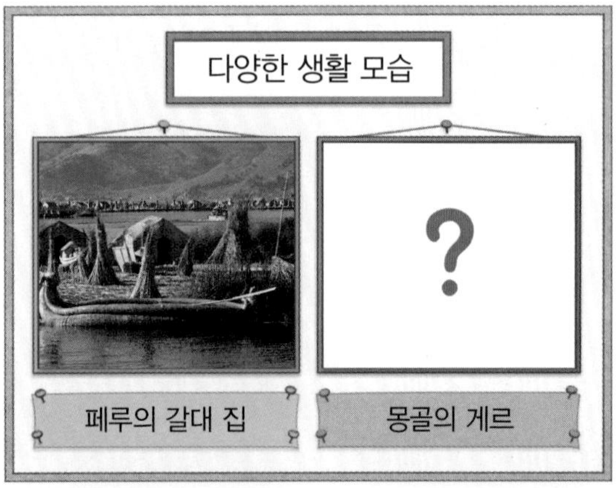
다양한 생활 모습
?
페루의 갈대 집
몽골의 게르

①

②

③

④

3 다음 ㈎ 부분에 들어갈 알맞은 말을 보기 에서 찾아 기호를 쓰시오.

초대해 주셔서 감사합니다.
나마스테.
선생님, 인도에서 오신 아저씨께서 맨손으로 식사하셔서 당황했어요.
㈎
다음 날

보기
㉠ 그런 생활 모습은 무시하면 돼요.
㉡ 식사할 때에는 반드시 숟가락과 젓가락을 사용해야 해요.
㉢ 우리와 다르다고 해서 이상하게 생각하지 않고 존중해야 해요.

(　　　　　　　　　　　　)

4 세계에서 인구가 가장 많은 나라는 어디입니까? (　　　　)

① 미국　　② 일본
③ 영국　　④ 중국
⑤ 러시아

5 일본에 대한 설명으로 알맞은 것은 어느 것입니까? (　　　)

① 온천이 발달했다.
② 지진 안전지대이다.
③ 우리나라의 서쪽에 있다.
④ 국토 대부분이 평야이다.
⑤ 비가 거의 내리지 않는다.

6 러시아에 대한 설명으로 알맞지 않은 것을 찾아 기호를 쓰시오.

- 위도가 높아 ㉠ 열대 기후가 널리 나타납니다.
- ㉡ 풍부한 천연자원을 바탕으로 한 산업이 발달했습니다.

(　　　　　　)

7 다음 □ 안에 들어갈 알맞은 식사 도구를 찾아 ○표를 하시오.

러시아는 빵을 주식으로 하며 □, 나이프, 숟가락을 이용해 식사를 합니다.

(1) 
▲ 포크
(　　　)

(2) 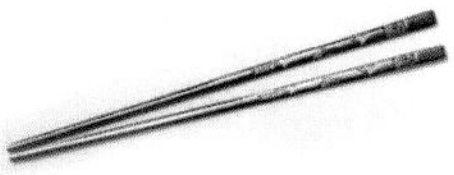
▲ 젓가락
(　　　)

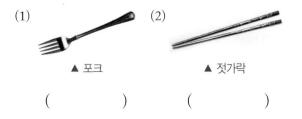

8 이웃 나라와의 경제 교류 사례에는 '경'을, 문화 교류 사례에는 '문'을 각각 쓰시오.

(1) 물건을 수입하거나 수출합니다. (　　　)

(2) 이웃 나라에서 만든 영화를 봅니다. (　　　)

9 우리나라와 관계 깊은 나라를 소개하는 신문을 만들려고 합니다. 자연환경을 소개할 때 들어가야 할 내용을 보기에서 모두 찾아 기호를 쓰시오.

보기

㉠ 기후　　㉡ 인구
㉢ 지형　　㉣ 주요 산업

(　　　,　　　)

10 다음과 같은 특징이 나타나는 나라는 어디입니까? (　　　)

- 덥고 건조합니다.
- 서남아시아에 있습니다.
- 세계 주요 원유 수출국입니다.

① 몽골　　② 미국
③ 베트남　　④ 대한민국
⑤ 사우디아라비아

2주

2주 특강 생활 속 사회

환경에 따라 다양한 세계 여러 나라 사람들의 생활 모습을 살펴봅니다.

환경과 생활 모습

인도에 왔으니
인도 여성의 전통 복장인
사리를 입어 볼까?
사리는 왜 한 장의
천으로 만들어졌죠?
힌두교에서 옷감을
자르거나 바느질하는 것을
바람직하지 않게
여기거든요.
콩콩
카레 향이 좋은걸.
오늘 점심은 카레다.
소고기가 들어간
카레는 없나요?
주로 힌두교를 믿는 인도에서는
소를 죽이거나 먹지 않다 보니
저희 가게 메뉴에는 없어요.
이번에는 인도로
이동했대. 스톰을
찾으러 가자.
빨리 가요!
삐삐삐

남부 아시아에 있는
인도에 도착!
배가 고픈데,
식사부터 할까?
세계에는 종교의
영향으로 먹지 않는
음식이 있다던데,
먼저 종교와 음식에
대해 알아보자.

종교와 음식

▶ **힌두교를 믿는 인도 사람들**
소고기를 먹지 않음.

▶ **이슬람교를 믿는 사람들**
- 돼지고기로 만든 음식, 기도문을 외우지 않고 잡은 고기, 술 등을 먹지 않음.
- 라마단 기간에는 해가 떠 있을 때 음식을 먹지 않음.
  (라마단: 이슬람 달력으로 아홉 번째 달)

1 친구들이 주고받은 다음 대화를 읽고, ㉠과 ㉡에 들어갈 알맞은 말을 글자 칸에서 찾아 각각 쓰세요.

Talk Talk

세계에서 7번째로 넓은 나라가 어디인지 아니?

인도잖아.

정답!
인도에 대해 조사해 봤는데, [㉠]를 믿는 인도 사람들은 소를 성스러운 동물로 여겨서 소를 죽이거나 먹지 않는대.

맞아. 세계에는 자신이 믿는 종교에 따라 특정 음식을 먹지 않는 사람들이 있더라고.

그럼 세계 여러 나라의 음식은 자연환경 외에도 종교 등 [㉡]의 영향을 받는 거네.

인	이	기	후	힌	문
불	슬	두	환	구	유
교	지	람	경	형	독

㉠ (　　　　　　　　) ㉡ (　　　　　　　　)

2주 특강

창의·융합·코딩

사고 쑥쑥

세계 여러 나라 사람들의 다양한 생활 모습을 살펴봅니다.

2 여행을 하다가 숙소에 가는 길을 잃어버렸어요. 갈림길에서 ○× 퀴즈를 풀어 숙소에 가는 길을 찾아보세요.

출발
영국의 자동차 운전석은 왼쪽에 있습니다.
○
×
가나의 어느 부족은 음악을 틀고 춤을 추는 등 축제 같은 분위기로 장례를 치릅니다.
×
○
에스파냐 사람들은 점심 식사 후 한두 시간 동안 낮잠을 자기도 합니다.
×
○
인도 사람들은 왼쪽 맨손으로 식사를 합니다.
○
×
터키 사람들은 주로 양고기로 케밥을 만듭니다.
×
○
도착

3 방을 탈출하려면 힌트 메모지에 적힌 특징과 모두 관련 있는 나라의 문을 열어야 해요. 친구들이 열어야 하는 문의 번호를 쓰세요.

1
2
3
러시아
중국
일본

힌트

우리나라와 이웃한 나라예요.

아시아 대륙에 있어요.

한자 문화권에 속해 있어요.

식사할 때 젓가락을 사용해요.

지진 활동이 활발해요.

섬나라여서 습해요.

정답

창의·융합·코딩

논리 탄탄

비밀번호를 풀 수 있는 힌트를 보고, 이웃 나라의 환경과 생활 모습을 살펴봅니다.

4 스톰이 숨긴 날씨를 찾기 위해서는 비밀번호가 필요해요. 힌트를 보고 비밀번호를 찾아 완성하세요.

여기에 스톰이 날씨를 숨겨 뒀다는 거지?
응.
비밀번호가 뭘까?
뭐지? 뭐지?
여기를 찾아내다니 제법이군.
너희가 원한다면 힌트를 줄게. 그런데 쉽지 않을걸!
STORM
호호호~

비밀번호 힌트

▶ 보관함을 열고 싶다면 알맞게 설명한 내용이 적힌 번호를 순서대로 누르시오!
▶ 비밀번호는 네 자리 숫자입니다.

9 중국의 젓가락은 길이가 아주 짧습니다.
6 중국은 세계에서 영토가 가장 넓습니다.
7 중국은 서쪽에서 동쪽으로 갈수록 지형이 낮아집니다.
3 러시아는 세계에서 인구가 가장 많습니다.
1 러시아 문자는 한자에 바탕을 두고 있습니다.
4 러시아에서는 포크, 나이프, 숟가락을 이용해 식사를 합니다.
8 일본은 화산 활동의 영향으로 온천이 발달했습니다.
5 일본에서는 쉽게 녹슬지 않는 나무로 젓가락을 만듭니다.

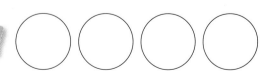

비밀번호 ◯ ◯ ◯ ◯

5 다음 단서를 보고 그 나라 이름이 있는 칸으로 이동하려고 해요. 자신이 있는 위치에서 이동해야 할 방향을 알맞게 말한 사람을 쓰세요.

이곳은 어디일까요?

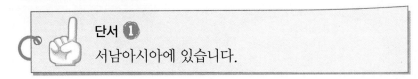

단서 ❶
서남아시아에 있습니다.

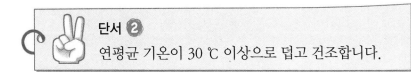

단서 ❷
연평균 기온이 30 ℃ 이상으로 덥고 건조합니다.

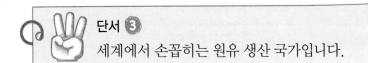

단서 ❸
세계에서 손꼽히는 원유 생산 국가입니다.

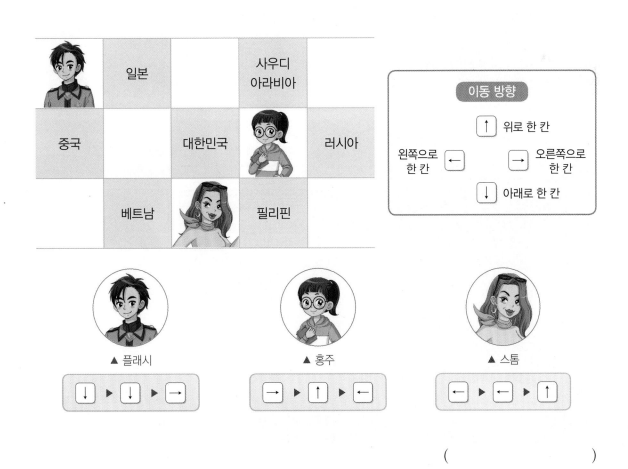

	일본		사우디 아라비아	
중국		대한민국		러시아
	베트남		필리핀	

이동 방향

↑ 위로 한 칸

← 왼쪽으로 한 칸

→ 오른쪽으로 한 칸

↓ 아래로 한 칸

▲ 플래시

↓ ▸ ↓ ▸ →

▲ 홍주

→ ▸ ↑ ▸ ←

▲ 스톰

← ▸ ← ▸ ↑

(　　　　　　　　)

3주 한반도의 미래와 통일

3주에는 무엇을 공부할까? ❶

저 너머에도 우리와 비슷한 사람들이 살고 있대요.
근데 왜 못 가는 거야? 어떤 나라인지 나도 궁금한데?
남북이 분단되어 있기 때문이야.
같은 민족이 함께 살지 못한다는 건 참 슬픈 일이다.
맞아요. 서로 보지 못하는 이산가족들도 얼마나 많은데요.
그냥 교류하고 같이 살면 되지 뭐가 문제야.
그게 그렇게 쉬운 일이 아니야.
그래, 나도 남북통일을 위해 서로 노력하고 있다는 것을 들었어.
남북 정상이 만나서 이야기도 나누고~
개성 공단이 운영된 적도 있었죠.
그래? 그럼 또 어떤 노력을 했는지, 통일이 되면 뭐가 좋은지 좀 알고 싶어지는데?

▲ 독도

독도는 정말
아름다운 섬이야.

기차를 타고
다른 나라에
갈 수 있어.

▲ 철도를 이용한 활발한 교류

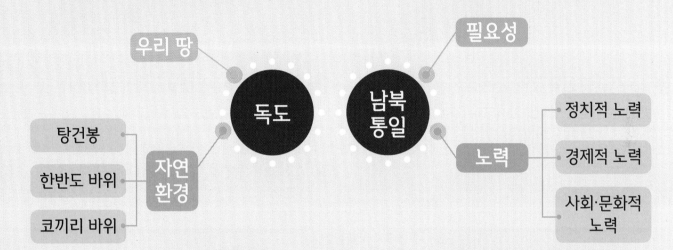

- 독도
  - 우리 땅
  - 자연환경
    - 탕건봉
    - 한반도 바위
    - 코끼리 바위
- 남북통일
  - 필요성
  - 노력
    - 정치적 노력
    - 경제적 노력
    - 사회·문화적 노력

▲ 코끼리 바위

남북한이 노력하면
남북통일은 평화롭게
진행될 수 있어.

▲ 남북 예술단 합동 공연

우리 땅을 소중히 여기는
마음을 갖고, 남북통일을 위해
우리도 노력해 보자.

3주에는 무엇을 공부할까? ❷

독도

獨 島

홀로 독 섬 도

독도는
천연기념물
이지.

뜻 **우리나라 동쪽 끝에 있는 섬으로, 동도와 서도인 두 개의 큰 섬과 크고 작은 바위섬으로 이루어져 있음.**

예 우리나라 동쪽 끝에는 **독도**가 있다.

독도는
예부터 우리
영토였어.

탕건봉

宕 巾 峯

호탕할 탕 수건 건 봉우리 봉

비슷하게
생겼지?

뜻 **봉우리의 모양이 옛날 관리가 갓 아래 받쳐 쓰던 탕건과 닮은 독도의 바위**

예 독도에는 **탕건봉**, 코끼리 바위 등 다양한 지형이 있다.

나도 커서
독도 경비대원이
되고 싶어.
독도를 잘 지킬 수는
있는 거지?

반크

외국 사람들에게
정확한 사실을
알리자.

뜻 **1999년 설립된 사이버 외교 사절단으로, 인터넷에서 우리나라와 관련된 잘못된 사실을 바로잡는 데 노력하고 있음.**

예 민간단체 **반크**는 독도에 관한 사실을 전 세계 사람들에게 알리고 있다.

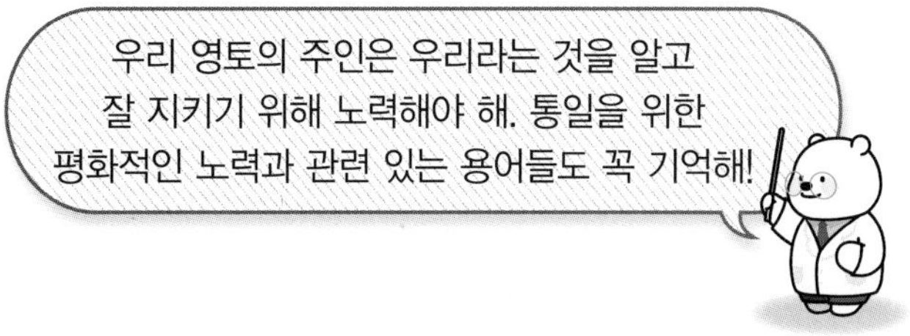
우리 영토의 주인은 우리라는 것을 알고
잘 지키기 위해 노력해야 해. 통일을 위한
평화적인 노력과 관련 있는 용어들도 꼭 기억해!

이산가족

離 散 家 族
(떼놓을 이, 흩을 산, 집 가, 겨레 족)

아버지를
만나러 가고
싶어.

뜻 **남북 분단 등의 사정으로 이리저리 흩어져서 서로 소식을 모르는 가족**

예 북한에 있는 **이산가족**을 만나지 못하는 사람들이 많다.

남북이 분단되어서
다양한 사회 현상이
나타나.

국방비

國 防 費
(나라 국, 막을 방, 쓸 비)

분단 상황이
지속되면 국방비가
많이 들지.

뜻 **국가가 외국의 침략에 대비 태세를 갖추고 국토를 방위하는 데에 쓰는 비용**

- 태세: 어떤 일이나 상황을 앞둔 태도나 자세
- 방위: 적의 공격이나 침략을 막아서 지킴.

예 남북통일이 되면 **국방비**를 줄일 수 있다.

남북통일

南 北 統 一
(남녘 남, 북녘 북, 합칠 통, 한 일)

평화적인 통일을
이룹시다.

뜻 **남한과 북한으로 갈려 있는 우리 국토와 우리 겨레가 하나로 되는 일**

예 우리는 모두 평화적인 **남북통일**을 기원한다.

개성 공단

開 城 工 團
(열 개, 재 성, 장인 공, 모일 단)

개성 공단 운영은
통일을 위한 경제적
노력이야.

뜻 **남한의 자본과 기술력에 북한의 노동력을 결합한 남북 경제 협력 사업 중 하나임.**

예 남북은 경제적으로 협력하기 위해 **개성 공단**을 가동했다.

1일 우리 땅 독도

우리가 독도에 있다니!

쓰나미? 막아야 해!
퀵, 어떻게든 스톰을 막아!
알았어!
근데 지구인! 어디 가는 거야?
이번엔 대형 쓰나미로 인간들까지 모조리 쓸어버릴 거다!
할 수 있어!
뭐야~
지금은 피하자!
감히 내 물건에 손을 대?
며칠 후
여기가 어디지?
여기는 울릉도 옆에 있는 독도야.
우리가 동해의 한가운데에 있다는 거죠? 독도에 와 보다니 정말 신기해요.
이제 좀 정신이 드나 본데?

용어 체크

울릉도

경상북도 울릉군에 속하는 화산섬으로, 독도에서 87.4 km 떨어져 있음.

예 겨울에 눈이 많이 내리는 ❶ [ ] 에서는 우데기라는 외벽을 설치했다.

독도

우리나라의 동쪽 끝에 있는 섬으로, 동도와 서도인 두 개의 큰 섬과 크고 작은 바위섬 89개로 이루어져 있음.

예 동해의 한가운데에는 ❷ [ ] 가 있다.

정답 ❶ 울릉도 ❷ 독도

괭이갈매기야, 도와줘!

회오리 바람에 휩싸인 다음엔 기억이 안 나.
플래시가 바다에 빠진 우릴 구해 줘서 살아난 거지.
그래도 홍주 덕분에 스톰을 막을 수 있었어. 정말 고마워.
근데 일본이 독도를 자기네 땅이라고 우긴다며?
우산도
울릉도
맞아요. 「팔도총도」라는 옛 지도에도 독도가 우리 땅이라고 나와 있거든요.
근데 일본의 영토 전체를 나타낸 옛 지도에는 독도가 없단 말이죠.
그런데도 우기다니….
와, 괭이갈매기다!
괭이갈매기도 만나 볼 겸, 우리 산책하러 갈까?
좋아! 괭이갈매기랑 할 얘기도 좀 있고.
무슨 얘길 하는 거죠?
모든 동물은 퀵의 정보원이기 때문에 새들을 통해서 스톰의 위치를 파악하려는 거야.
두런
두런

용어 체크

「팔도총도」

현존(현재에 있음.)하는 우리나라 옛 지도 중 우산도(지금의 독도)가 표기된 가장 오래된 지도

예 우산도가 울릉도의 서쪽에 그려져 있는 지도는 ❶ ______ 이다.

괭이갈매기

갈매깃과의 물새로, 독도에 집단 번식을 하고 있음.

예 독도는 ❷ ______ 의 집단 번식지 중 한 곳이다.

정답 ❶ 「팔도총도」 ❷ 괭이갈매기

1일 개념 익히기

▶ 개념 동영상

1 독도의 위치는 어디일까?

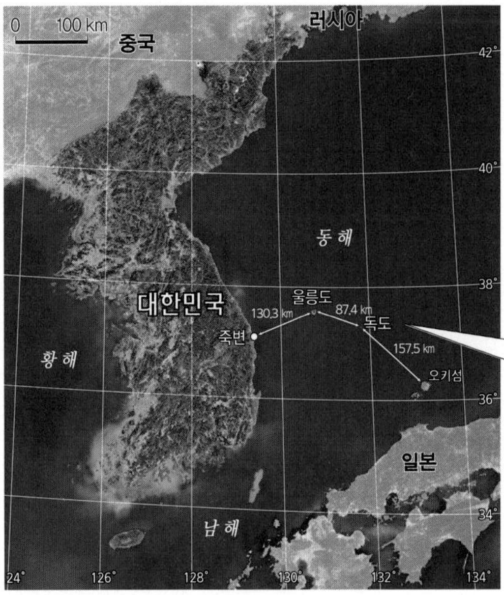

0 100 km
러시아
중국
42°
40°
동해
38°
대한민국
울릉도
130.3 km
87.4 km
독도
죽변
157.5 km
황해
오키섬
36°
일본
34°
남해
24°
126°
128°
130°
132°
134°

독도는 선박의 항로뿐만 아니라 군사적으로도 중요한 위치에 있어!

- 독도는 북위 37°, 동경 132°에 가까이 있음.
- 독도에서 울릉도까지의 거리가 일본 오키섬까지의 거리보다 약 70 km 더 가까움.

☑ **독도는 우리나라의 동쪽 끝에 있는 섬으로, 북위 37°, ❶(동경 / 서경) 132°에 가까이 있습니다.**

2 독도에 대해 알 수 있는 옛 지도를 살펴볼까?

「팔도총도」(1531년)

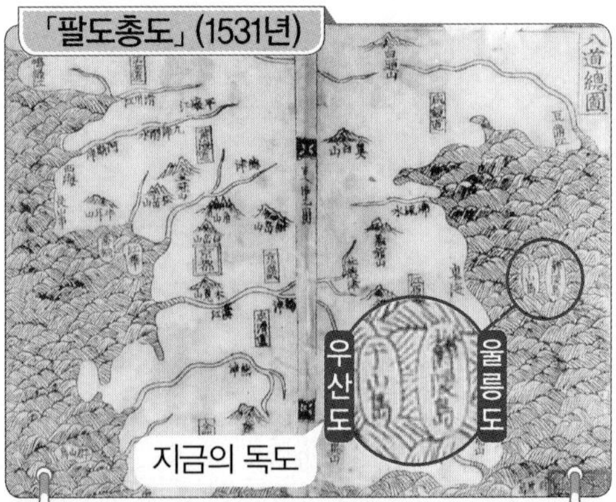

우산도
울릉도
지금의 독도

현존하는 우리나라 옛 지도 중 독도가 표기된 가장 오래된 지도임.

「대일본전도」(1877년)

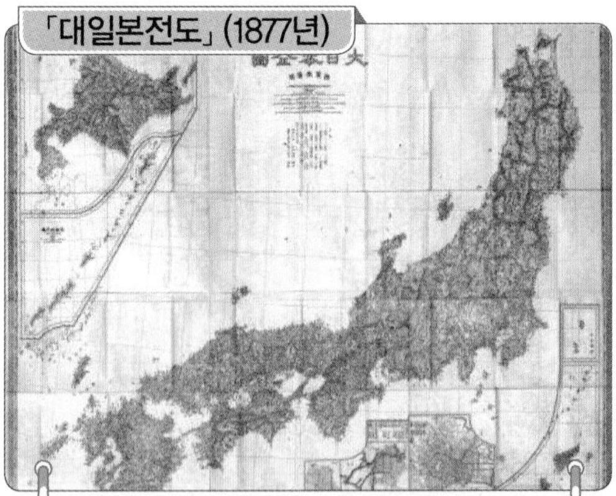

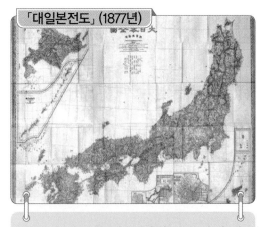

일본이 자국의 영토 전체를 표기해 만들었지만 독도는 어디에도 없음.

☑ **「팔도총도」, 「대일본전도」는 독도가 우리나라의 영토임을 알 수 있는 옛날 ❷(책 / 지도)입니다.**

3 독도의 자연환경은 어떨까?

독도는 독특한 지형과 경관을 지닌 화산섬이야.
그래서 우리나라는 독도를 천연기념물 제336호로 지정해 보호하고 있어.
괭이갈매기
탕건봉
삼형제굴 바위
천장굴
한반도 바위
서도
동도
코끼리 바위
섬기린초
사철나무
독립문 바위

독도에서는 탕건봉, 삼형제굴 바위, 한반도 바위 등 [3](평범한 / 독특한) 지형을 볼 수 있습니다.

정답 ❶ 동경 ❷ 지도 ❸ 독특한

개념 체크

정답과 풀이 9쪽

1 우리나라의 동쪽 끝에 있는 섬은 □□입니다.

2 독도에서 □□□까지의 거리가 일본 오키섬까지의 거리보다 더 가깝습니다.

3 독도에서는 다양한 □□를 볼 수 있습니다.

보기
- 우도
- 독도
- 울릉도
- 제주도
- 바위
- 회사

개념 확인하기

정답과 풀이 9쪽

빠른 정답 보기

1 다음에서 설명하고 있는 섬은 어디입니까? (　　　　　)

- 북위 37°, 동경 132°에 가까이 있습니다.
- 동도와 서도인 두 개의 큰 섬과 그 주위에 크고 작은 바위섬으로 이루어졌습니다.

① 진도　　② 독도　　③ 강화도
④ 울릉도　　⑤ 대부도

2 다음 지도를 보고 알 수 있는 사실을 바르게 말한 어린이는 누구인지 쓰시오.

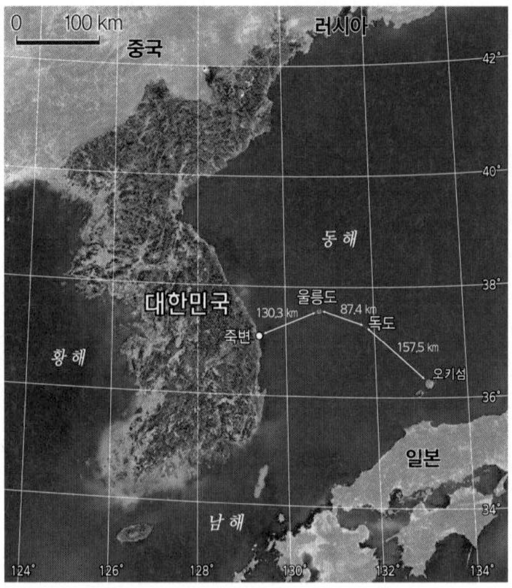
0 100 km
중국
러시아
동해
대한민국
울릉도
130.3 km
87.4 km
독도
죽변
157.5 km
오키섬
황해
일본
남해
42°
40°
38°
36°
34°
124°
126°
128°
130°
132°
134°

미주 : 독도에서 가장 가까운 섬은 울릉도예요.
희철 : 독도는 우리나라 남해의 한가운데에 자리잡고 있어요.
채영 : 독도는 다리로 연결되어 있어서 육지에서 차로 갈 수 있어요.

(　　　　　　　　　　)

3 독도와 관련 있는 다음 (　　) 안의 알맞은 지도에 ○표를 하시오.

일본이 공식적으로 자국의 영토 전체를 표기해 만든 (「팔도총도」 / 「대일본전도」) 에서는 독도를 찾아볼 수가 없습니다.

4 「팔도총도」에 대한 설명으로 알맞은 것을 두 가지 고르시오. (,   )

① 2000년대에 만들어졌다.
② 우리나라의 옛 지도이다.
③ 독도를 울릉도의 서쪽에 그렸다.
④ 일본 영토를 자세히 그려 놓았다.
⑤ 미국, 영국을 비롯하여 세계 여러 나라를 그려 놓았다.

집중 연습 문제 독도의 자연환경

5 독도에서 볼 수 있는 지형으로 알맞지 않은 것은 어느 것입니까?
(   )

①

▲ 천장굴

②

▲ 한강

③

▲ 독립문 바위

④

▲ 한반도 바위

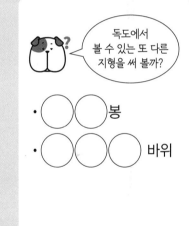

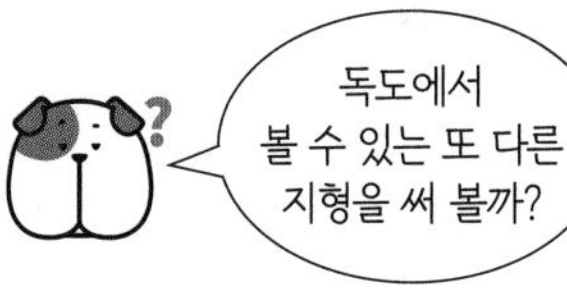
독도에서
볼 수 있는 또 다른
지형을 써 볼까?

• ○○봉
• ○○○바위

6 다음 보기에서 독도의 자연환경에 대한 설명으로 알맞은 것을 찾아 기호를 쓰시오.

보기
㉠ 독특한 지형을 지닌 화산섬입니다.
㉡ 경사가 심해서 동물들은 살고 있지 않습니다.
㉢ 정부에서 천연기념물로 지정하기 위해 노력하고 있습니다.

(   )

독도는 경사가
급하고 대부분 암석
으로 이루어져 있어.

2일 독도를 지키려는 노력

나는 안용복의 후손!

우리가 독도 경비대의 숙소에 있었네요?
응, 너희를 구할 때 독도 경비대원 분들이 도와주셨어.
경북지방경찰청 독도경비대
독도 경비대원은 무슨 일을 해?
24시간 독도를 지키지!
옛날에 안용복이라는 분도 독도를 지켰다는 얘길 들었어.
맞아요. 안용복은 일본 어민들이 울릉도 부근에서 고기잡이를 해서 일본에 항의했어요.
독도 근처에서 물러가라!
그래서 어떻게 됐어?
일본이 일본 어민들에게 '울릉도와 독도에 가지 말아라!' 라고 명령하게 되었죠.
와
알았다! 홍주가 스톰에 대항해 용감할 수 있었던 이유!
딩동댕~
으, 설마 선조가 안용복이어서 그렇다는 말을 하려는 거야?
틀린 말은 아닌데, 나만 오글오글한 거야?
크큭
선조로부터 이어져 내려온 용감함으로 스톰을 막은 거지!

용어 체크

독도 경비대원

1996년에 경상북도 경찰청 소속으로 만들어졌으며, 24시간 독도를 지키고 있음.

예 정부는 ❶ ______ 이 독도를 지킬 수 있도록 경비 시설을 설치했다.

안용복

조선 숙종 때 부산 동래에 살았던 사람으로, 독도를 지키기 위해 노력한 인물

예 울릉도 인근에서 고기잡이를 하던 일본 어민을 쫓아낸 사람은 ❷ ______ 이다.

정답 ❶ 독도 경비대원 ❷ 안용복

사이버 외교 사절단이 있다고?

도대체 어디 있는 거야!
두고 봐, 지구인 꼬마! 숨겨 둔 날씨를 찾기만 하면!
저기예요!
오늘은 쉬고 싶었는데.
홍주가 가 보고 싶대서, 퀵은 쉬지 그랬어.
둘만 보낼 순 없잖아?
반크에서 독도 탐방 캠프를 할 때 독도 박물관에 갔다는데, 저도 와 보고 싶었어요.
반크는 외국 사람들에게 우리나라에 대한 정보를 바르게 알리는 단체예요.
VANK
정말 중요한 일을 하는 단체네.
독도에 관한 일본의 억지 주장을 바로잡는 데에도 힘쓰고 있죠.
옛날부터 지금까지 독도 지킴이들이 아주 많네!
어?

용어 체크

반크

1999년 설립된 사이버 외교 사절단(나라를 대표하여 일정한 사명을 띠고 외국에 파견되는 사람들의 무리)으로, 인터넷에서 우리나라와 관련된 잘못된 사실을 바로잡는 데 노력하고 있음.

예 사이버 외교 사절단 ❶ [ ] 는 독도에 관한 사실을 전 세계 사람들에게 알리고 있다.

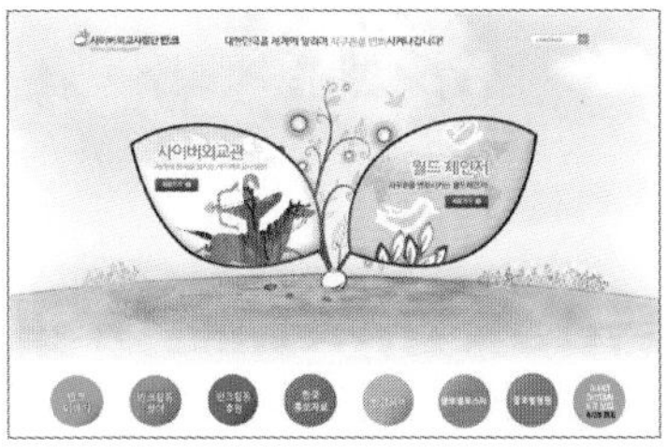

반크 누리집 ▶

정답 ❶ 반크

2일 개념 익히기

개념 동영상

1 독도를 지키기 위한 옛날 사람들의 노력에는 무엇이 있을까?

안용복이 한 일

울릉도 인근에서 고기잡이를 하던 중에 일본 어민을 발견하고 꾸짖다가 일본으로 잡혀갔지만 울릉도와 독도가 우리나라 영토임을 주장했어요. 이후에도 일본에 건너가 울릉도와 독도가 우리나라의 영토임을 다시 확인하고 돌아왔지요.

울릉도 도해 금지령(1696년)

도해: 바다를 건넘.

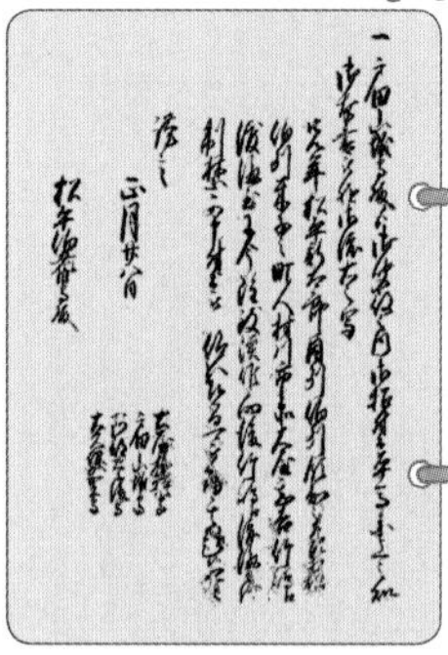

안용복의 노력을 계기로 일본은 조선의 영토인 울릉도와 독도에서 일본 어민들이 어업을 하지 못하도록 하는 명령을 내렸음.

지금 독도에는 약 50여 명의 사람이 거주하며 독도를 지키고 있어.

조선 숙종 때 ❶(안용복 / 최종덕)은 일본에 가서 독도가 우리나라의 영토임을 확인하고 돌아왔습니다.

2 독도를 지키기 위한 정부의 노력에는 무엇이 있을까?

시설 설치	등대, 선박 접안 시설, 경비 시설 등을 설치함.
법령 시행	독도의 생태계 보호, 지속적 이용을 위해 여러 법령을 시행함.
홍보 활동	외국에 독도를 알릴 수 있는 홍보 활동을 함.

접안: 배를 육지에 댐.

법령: 법과 명령

독도 경비대원은 24시간 독도를 지키고 있어.

정부는 독도에 ❷(경비 / 문화) 시설을 설치했고, 여러 법령을 시행하고 있습니다.

3 독도를 지키기 위한 민간단체와 우리들의 노력에는 무엇이 있을까?

민간단체의 노력 — **반크**

독도탐방캠프

뜻	인터넷에서 우리나라와 관련된 잘못된 사실을 바로잡는 데 노력하고 있는 사이버 외교 사절단
독도를 지키려는 노력	독도에 관한 사실을 전 세계 사람들에게 알리고, 일본의 억지 주장을 바로잡는 데 힘쓰고 있음.

우리들의 노력

독도 홍보 포스터 그리기

민족의 손길이 담겨 있는
우리의 땅 독도

독도 캐릭터 만들기

나래
독도랑
아라
홍대장
태장군
안장군

독도를 홍보하는 동영상을 만들거나 독도를 지키려고 노력하는 사람이나 단체를 소개할 수도 있어.

민간단체인 ❸(반크 / 학교)는 우리나라와 관련된 잘못된 사실을 바로잡는 일을 하고 있습니다.

정답 ❶ 안용복 ❷ 경비 ❸ 반크

개념 체크

정답과 풀이 9쪽

1 안용복은 ☐☐에 건너가 울릉도와 독도가 우리나라의 영토임을 확인했습니다.

2 정부는 독도 ☐☐☐를 만들어 독도를 지키기 위해 노력하고 있습니다.

3 반크는 1999년에 만들어진 사이버 ☐☐ 사절단입니다.

보기
- 일본
- 중국
- 경비대
- 군악대
- 공연
- 외교

2일 개념 확인하기

정답과 풀이 9쪽

빠른 정답 보기

1 다음에서 설명하는 독도와 관련 있는 사람은 누구입니까? (   )

- 조선 숙종 때 부산 동래에 살았습니다.
- 울릉도 인근에서 고기잡이를 하던 중 일본 어민을 발견하고, 이를 꾸짖다가 일본으로 잡혀간 적이 있습니다.

① 이천　② 안용복　③ 김유신　④ 장영실　⑤ 신사임당

2 다음 명령서를 보고, (   ) 안의 알맞은 말에 ○표를 하시오.

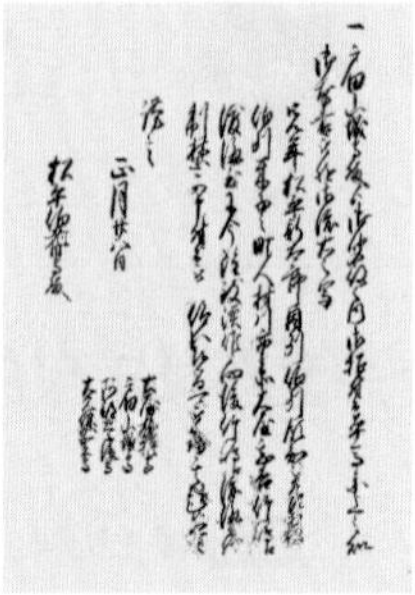

조선 사람들의 노력을 계기로 일본은 조선의 영토인 울릉도와 독도에서 일본 어민들이 어업을 하지 못하도록 하는 명령을 내렸습니다. 이 명령서를 (독도 / 울릉도) 도해 금지령이라고 하는데, 이는 일본 정부가 작성한 것입니다.

3 다음 사진의 사람에 대해 바르게 말한 어린이는 누구인지 쓰시오.

한영 : 독도와 관련 있는 법령을 만드는 사람이에요.
주미 : 독도를 지키기 위해 경비하는 일을 하고 있어요.
성우 : 독도를 알리기 위해 주로 다른 나라에서 활동하고 있어요.
가희 : 독도를 지키기 위해 사이버 외교 사절단으로 활동하고 있어요.

(   )

4 반크에 대한 설명으로 알맞지 않은 것은 어느 것입니까? (　　　　)

① 민간단체이다.
② 1999년에 만들어졌다.
③ 사이버 외교 사절단이다.
④ 독도에 살면서 24시간 독도를 지키기 위해 노력한다.
⑤ 독도에 관한 사실을 전 세계 사람들에게 알리기 위해 노력한다.

5 다음 독도와 관련 있는 자료를 보고, (　　) 안의 알맞은 말에 ○표를 하시오.

독도랑

독도를 아끼는 마음으로 독도가 우리 영토임을 알리는 다양한 활동을 할 수 있습니다. 위 그림은 독도 (포스터 / 캐릭터)를 만들어 독도를 지키고자 노력하는 모습입니다.

똑똑한 하루 퀴즈

6 다음에서 설명하는 낱말을 말 상자에서 찾아 모두 ○표를 하세요. 말 상자의 낱말은 가로, 세로, 대각선에 숨어 있어요.

☆	내	누	으
하	독	반	크
거	도	스	☆
경	가	준	일
☆	비	☆	본

❶ 안용복은 □□를 지키기 위해 노력했음.
❷ 일본 정부는 □□ 어민들이 울릉도와 독도에 가지 않도록 울릉도 도해 금지령을 작성했음.
❸ 정부는 독도를 지키기 위해 독도에 등대, 선박 접안 시설, □□ 시설 등을 설치함.
❹ 1999년에 설립된 사이버 외교 사절단

3일 남북통일이 필요한 까닭

남과 북으로 갈라진 나라!

베트남에서 지구인이 가로챘던 그 날씨야.
회오리 속에서 놓쳤는데 여기 떨어져 있었구나.
퀵에게 손님이 온 것 같은데?
정보 수집이 오래 걸리지 않았다는 것은?
스톰이 가까이 있다는 거네!
나의 정보원에 의하면, DMZ라는 곳에서 스톰이 날씨를 열심히 찾고 있다.
DMZ는 어떤 곳이지?
우리나라는 6 · 25 전쟁을 겪으면서 남북 분단이 됐거든요.
DMZ는 남북이 휴전을 하면서 만들어진 비무장 지대예요.
DMZ는 오랫동안 사람들의 손길이 닿지 않아 여러 야생 동식물도 살고 나무가 많은 숲도 있다고 해요.
그만큼 남북이 분단된 지 오래됐다는 뜻이네.
네, 남북의 문화가 달라질 만큼 오래됐죠.

용어 체크

6 · 25 전쟁

1950년 6월 25일 새벽에 북한 공산군이 남한을 침략하여 일어난 전쟁

예 우리나라는 ❶ [ ] 으로 대부분의 산업 시설이 파괴되어 어려움을 겪었다.

남북 분단

6 · 25 전쟁 후 우리나라가 남과 북으로 갈라진 일

예 남북한 정상이 만나 ❷ [ ] 을 해소하기 위한 대화를 나누었다.

정답 ❶ 6 · 25 전쟁 ❷ 남북 분단

남북이 분단되어 겪는 어려움은?

또 만나지 못하는 이산가족이 생겼고, 남북이 쓰는 국방비도 많아졌죠.
이산가족은 생각만 해도 너무 슬프네. 가족 같은 플래시와 영원히 헤어지게 된다고 생각해 봐!
남북으로 갈라져 있으니까 자원도 효율적으로 사용하지 못 하고~
좋은 점이 하나도 없잖아!
그래서 남북통일을 해야 해요.
통일이 되면 국방비도 줄어들 것이고요.
그리고 무엇보다 남과 북은 한민족이잖아.
감동적인 얘기야.
그럼 스톰이 어디 있는지 알았으니 문제를 일으키기 전에 막아야겠지?
응!
네!
나도!
준비됐어요!
저 검독수리가 우릴 안내할 거야! 같이 가자고!
헉
헉
기억을 더듬어 보자. 분명 이곳에 있어.

용어 체크

이산가족

남북 분단 등의 사정으로 이리저리 흩어져서 서로 소식을 모르는 가족

예 고향에 가지 못하는 ❶ [ ] 들이 임진각에서 합동 차례를 지내고 있다.

국방비

국가가 외국의 침략에 대비 태세를 갖추고 국토를 방위하는 데에 쓰는 비용

예 분단으로 남한과 북한이 각각 사용하는 ❷ [ ] 의 비율이 높다.

정답 ❶ 이산가족 ❷ 국방비

개념 동영상

1 남북 분단으로 인해 겪고 있는 어려움은 무엇일까?

광복 이후 우리나라의 남과 북에는 서로 다른 정부가 수립되었고, 6·25 전쟁을 겪으면서 남한과 북한으로 분단되었어.

분단으로 인한 사회 현상

○○신문 20△△년 △△월 △△일

낮과 밤을 가리지 않는 휴전선의 경계

남북한 정상의 역사적인 첫 만남

올해 설도 임진각에서 합동 차례

분단이 사람들의 삶에 미치는 영향

전쟁에 대한 공포
전쟁이 일어날까 봐 무서워.

이산가족의 아픔
북에 계신 어머니를 만나러 갈 수가 없어서 너무 슬퍼.

사람들은 남북 분단으로 여러 가지 어려움을 겪고 있어.

높은 국방비로 인한 경제적 손실
국방비로 쓰이는 비용이 너무 많아.

언어와 문화 차이
한복 입었구나?
조선 옷 입었구나? 그런데 왜 말이 서로 다르지?

☑ 남북 분단으로 전쟁에 대한 공포, [1](이산가족 / 저출산)의 아픔 등의 문제를 겪고 있습니다.

2 남북통일이 필요한 까닭은 무엇일까?

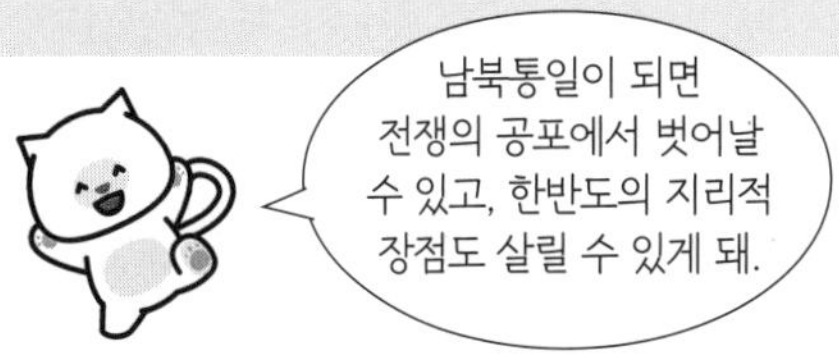
남북통일이 되면 전쟁의 공포에서 벗어날 수 있고, 한반도의 지리적 장점도 살릴 수 있게 돼.

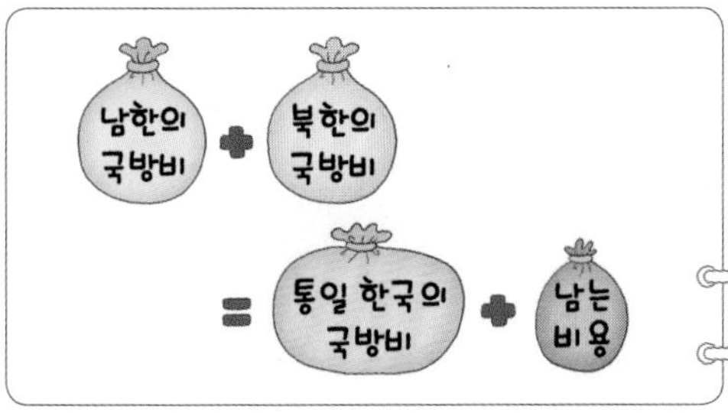
남한의 국방비
북한의 국방비
통일 한국의 국방비
남는 비용

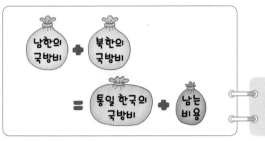

국방비가 줄어서 남은 비용을 국민들의 삶의 질을 높이는 곳에 사용할 수 있음.

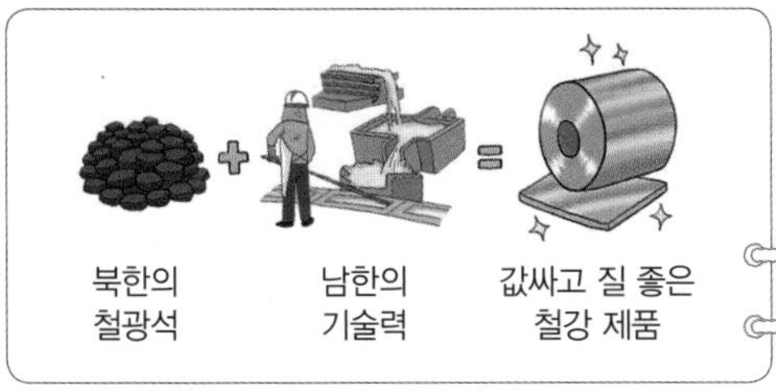
북한의 철광석
남한의 기술력
값싸고 질 좋은 철강 제품

북한의 풍부한 자원과 남한의 높은 기술력을 이용하면 경쟁력 있는 제품을 만들 수 있음.

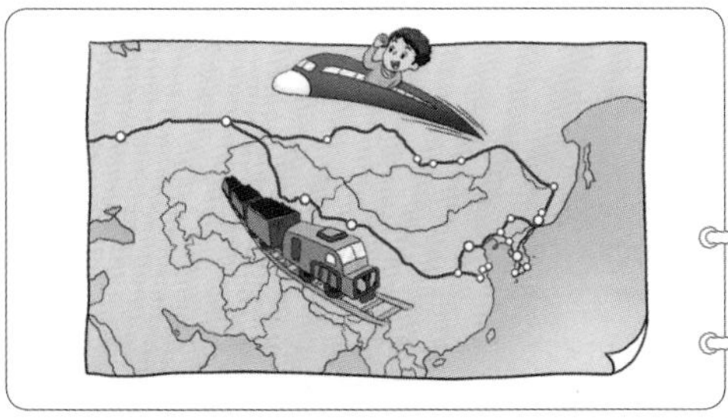

철도를 이용해 육로로 유럽이나 아시아의 다른 나라와 쉽고 빠르게 더 많은 교류를 할 수 있음.

국방비를 줄일 수 있고, 북한의 자원과 남한의 ❷(기술력 / 노동력)을 효율적으로 이용할 수 있게 되기 때문입니다.

정답 ❶ 이산가족 ❷ 기술력

개념 체크

정답과 풀이 10쪽

1 군인들이 휴전선을 지키는 까닭은 남북이 ☐☐되었기 때문입니다.

2 남북이 분단되어 있기 때문에 ☐☐의 공포를 느끼는 사람들이 있습니다.

3 남북이 통일되면 ☐☐☐가 줄어듭니다.

보기
- 분단
- 통일
- 지진
- 전쟁
- 국방비
- 교육비

○ 정답과 풀이 10쪽

빠른 정답 보기

1 다음 신문 기사와 같은 사회 현상이 발생하는 까닭은 어느 것입니까? (　　　　)

○○신문	△△월 △△일
낮과 밤을 가리지 않는 휴전선의 경계	

○○신문	△△월 △△일
남북한 정상의 역사적인 첫 만남, 전 세계인의 관심 집중	

① 남북이 통일되어서
② 남북이 분단되어서
③ 남북이 친하게 지내서
④ 남북이 서로 교류를 많이 해서
⑤ 남북이 한 나라처럼 살고 있어서

2 다음과 같이 고향을 그리워하는 사람은 누구입니까? (　　　　)

북에 계신 어머니를 만나러 갈 수가 없어서 너무 슬퍼.

① 핵가족
② 이산가족
③ 해외여행객
④ 한 부모 가족
⑤ 독도 경비대원

3 남북 분단으로 겪는 어려움에 대해 바르게 말하고 있는 사람을 찾아 기호를 쓰시오.

㉠

전쟁이 일어날까 봐 무서워.

㉡

국방비로 쓰이는 비용이 너무 적어.

(　　　　　　　　)

4 다음 대화 중 밑줄 친 부분에 대한 답으로 알맞은 것은 어느 것입니까? (　　　　)

> 은수 : 한복 입었구나?
> 다령 : 조선 옷 입었구나? <u>그런데 왜 말이 서로 다르지?</u>

① 서로 교류가 많아서
② 같은 나라에 살고 있어서
③ 분단으로 언어가 달라져서
④ 통일을 바라지 않고 있어서
⑤ 사람들마다 좋아하는 말이 달라서

집중 연습 문제 남북통일의 필요성

5 남북통일이 되었을 때 변화할 모습을 바르게 말한 어린이를 쓰시오.

> 차희 : 다른 나라와 교류하기가 어려워져요.
> 노은 : 한반도의 지리적인 단점이 더욱 커져요.
> 승유 : 북한의 자원과 남한의 기술력을 이용할 수 있게 돼요.

(　　　　　　　　)

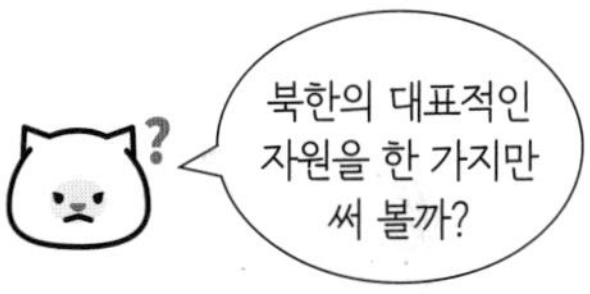
북한의 대표적인 자원을 한 가지만 써 볼까?

6 다음 그림을 보고, (　) 안의 알맞은 말에 ○표를 하시오.

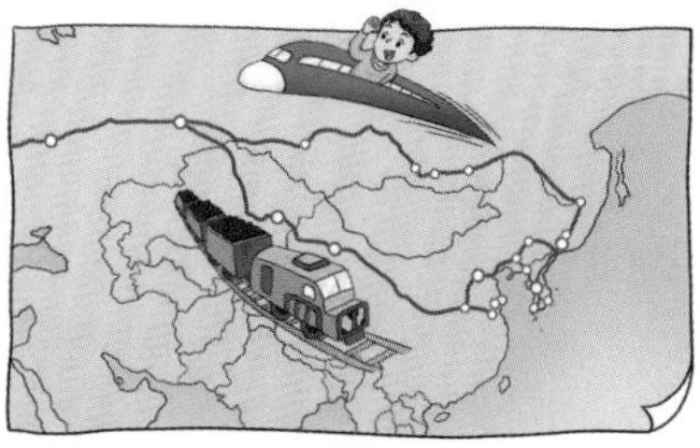

남북통일이 되면 (철도 / 비행기)를 이용해서 유럽이나 아시아의 다른 나라에 갈 수 있게 됩니다.

지금은 분단 상태라서 대륙과 해양을 잇는 한반도의 지리적 이점을 누리지 못하고 있어.

4일 남북통일을 위한 노력

남과 북이 서로 노력하고 있다고?

스톰은 아직도 자신이 숨긴 날씨를 찾고 있어.
드디어 스톰을 체포하는 건가?
안돼!
이곳은 무기가 금지된 곳이거든.
이걸 못 쓴다고? 이봐, 지구인! 이러다가 우리가 공격 당한다고!!
남북이 평화를 위해 노력하고 있기 때문에 이 원칙을 깨서는 안 돼. 남북 정상 회담이라고 들어 봤어?
그게 뭔데?
남북의 정상이 만나 한반도의 평화를 위한 대화를 하는 거지.
흐음….
통일을 위해선 다양한 노력이 필요하다고!
또 어떤 노력이 있을까?
북한에서 운영되었던 개성 공단을 뉴스에서 봤는데, 눈길을 끄는 게 있었어요.
그게 뭐였어?
개성 공단

용어 체크

남북 정상 회담

남과 북을 대표하는 최고 지도자들이 만나 화해와 협력에 대해 논의한 회담

예 첫 번째 ❶ ______ 은 평양에서 2000년에 열렸다.

개성 공단

남한의 자본과 기술력에 북한의 노동력을 결합한 남북 경제 협력 사업 중 하나

예 북한 개성시에 조성한 ❷ ______ 은 남북 경제 협력에 중요한 역할을 했다.

정답 ❶ 남북 정상 회담 ❷ 개성 공단

한반도기는 무엇일까?

한때 개성 공단에는 한반도기가 펄럭였었어.
평창 동계 올림픽에서도 남과 북의 선수단이 한반도기를 들고 공동으로 입장했지. 한반도기는 통일에 대한 염원이야.
왠지 울컥하네. 지구인과 같이 있으면서 눈물이 많아지잖아!
괜찮아, 퀵! 난 파트너로 마음이 따뜻한 수사관이 좋아.
깍! 그렇다면 난 플래시 결정에 따를게.
휙
남북의 노력이 한순간에 무너질 수 있기 때문에….
맞아, 홍주의 나라에 피해를 줄 순 없고, 다른 방법이 떠올랐어!
홍주는 이곳에서 가장 가까운 무인도를 검색해서 나와 퀵에게 알려 줘.
네!
내가 스톰을 데리고 그 무인도로 갈게. 그럼 퀵이 따라와서 스톰을 공격해 줘.
알았어!
아까 주운 날씨가 봉인된 상자를 줘 봐.
그걸로 스톰을 유인할 계획이구나!

용어 체크

한반도기

통일 한국을 상징하는 한반도 지도 모양이 그려진 깃발

예 평창 동계 올림픽 개회식에서 남북 선수단이 ❶ [   ] 를 들고 공동 입장했다.

정답 ❶ 한반도기

4일 개념 익히기

개념 동영상

1 통일을 위한 정치적 노력에는 무엇이 있을까?

통일을 위해 남북이 사이좋게 지내려고 노력하고 있어.

남북 기본 합의서 채택(1991년)

제5차남북고위급회담
서울
1991.12.10 — 12.13

1991년에는 남북 화해, 교류, 협력 등의 내용이 담긴 남북 기본 합의서가 채택되었음.

남북 정상 회담 개최(2018년)

2000년, 2007년, 2018년에는 **남북 정상**이 만나 한반도의 평화를 위해 노력하기로 뜻을 모았음.

☑ 남북 기본 합의서 채택, 남북 정상 회담 개최 등은 통일을 위한 ❶(정치 / 경제)적 노력입니다.

2 통일을 위한 경제적 노력에는 무엇이 있을까?

개성 공단 가동(2005년)

남한의 자본과 기술력에 북한의 노동력이 결합한 **개성 공단**이 활발하게 운영되었던 적이 있음.

착공식: 토목이나 건축 등의 공사를 시작할 때에 하는 의식

경의선 · 동해선 연결, 현대화 착공식(2018년)

남 S
서울
Seoul
평양
Pyongyang
북 N

남과 북은 끊어진 도로와 철도를 연결하고 시설을 개선해 교류와 협력을 확대하고자 노력하고 있음.

☑ 경의선 · 동해선 연결 및 현대화, ❷(서울 / 개성) 공단 가동은 통일을 위한 경제적 노력입니다.

3 통일을 위한 사회·문화적 노력에는 무엇이 있을까?

남북한 평창 동계 올림픽 선수단 공동 입장(2018년)

남과 북은 단일팀을 구성해 올림픽에서 한반도기를 들고 공동 입장을 했음.

남북 예술단 합동 공연(2018년)

남북한 예술단이 함께 무대를 꾸며 한반도의 평화를 기원했음.

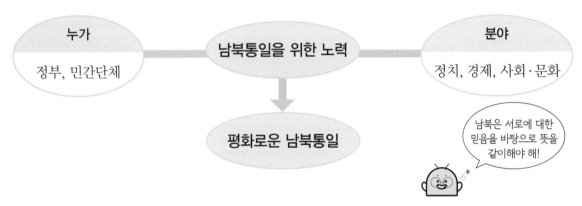

누가: 정부, 민간단체

남북통일을 위한 노력

분야: 정치, 경제, 사회·문화

↓

평화로운 남북통일

남북은 서로에 대한 믿음을 바탕으로 뜻을 같이해야 해!

☑ 올림픽에서 남북 단일팀 구성, 남북 예술단 합동 ❸(회담 / 공연) 등이 있습니다.

정답 ❶ 정치 ❷ 개성 ❸ 공연

개념 체크

정답과 풀이 10쪽

1 2018년에는 통일을 위한 남북 ☐☐ 회담이 있었습니다.

2 통일을 위한 ☐☐적 노력으로 개성 공단 가동이 있습니다.

3 남북 예술단 합동 공연은 통일을 위한 사회 · ☐☐적 노력입니다.

보기
- 정상
- 전쟁
- 정치
- 경제
- 문화
- 교육

4일 개념 확인하기

정답과 풀이 10쪽 빠른 정답 보기

1 다음 사진을 보고, ( ) 안의 알맞은 말에 ○표를 하시오.

왼쪽 사진과 같이 남북 정상이 만나 대화하는 것을 남북 정상 (회담 / 착공)이라고 합니다.

2 남북 기본 합의서에 들어 있는 내용으로 알맞지 않은 것을 보기에서 찾아 기호를 쓰시오.

보기
㉠ 남북 협력
㉡ 남북 교류
㉢ 남북 화해
㉣ 남북 전쟁

( )

3 다음 사진의 개성 공단에 대한 설명으로 알맞은 것은 어느 것입니까? ( )

① 평화 통일을 위한 노력이다.
② 2020년에 가동되기 시작했다.
③ 통일을 위해 정치적 차원에서 한 일이다.
④ 남한의 노동력과 북한의 자본이 결합했다.
⑤ 만들어진 이후 활발하게 운영된 적이 없다.

4 평창 동계 올림픽에서 남북한 선수단이 공동 입장을 할 때 들고 나온 사진의 깃발 이름은 어느 것입니까? (　　　　)

① 오륜기
② 만국기
③ 태극기
④ 유엔기
⑤ 한반도기

5 통일을 위한 노력에 대한 설명으로 알맞은 것을 보기에서 찾아 기호를 쓰시오.

보기
㉠ 통일을 위한 노력은 정부만 할 수 있습니다.
㉡ 사회·문화적인 노력은 통일에 도움이 되지 않습니다.
㉢ 다양한 분야에서 협력하려는 노력을 할 때 평화 통일이 이루어질 수 있습니다.

(　　　　　　　　　　)

똑똑한 하루 퀴즈

6 다음 신문 기사에 나온 사진을 보고, □ 안에 알맞은 말을 써 보세요.

○○신문　20△△년 △△월 △△일
경의선·동해선 연결, 현대화 착공식

서울
평양

○○신문　20△△년 △△월 △△일
남북 예술단 합동 공연

이 신문 기사들은 모두 남북 □ 을 위한 노력을 다루고 있어.

1 독도

우리 땅 독도에 대해 우리가 잘 알고 있어야 해.

① 위치 : 우리나라 동쪽 끝에 있는 섬으로 북위 37°, 동경 132°에 가까이 있습니다.
② 자연환경 : 독특한 지형과 경관을 지닌 화산섬으로, 생태계의 보고입니다.

탕건봉
삼형제굴 바위
독립문 바위
서도
코끼리 바위
동도

③ 지키려는 노력

안용복	조선 시대에 일본에 건너가 울릉도와 독도가 우리나라 영토임을 확인했음.
정부	독도에 등대, 선박 접안 시설, 경비 시설 등을 설치했음.
민간단체 예 반크	독도에 관한 사실을 전 세계 사람들에게 알리고, 일본의 억지 주장을 바로잡는 데 힘쓰고 있음.

2 남북통일의 필요성

남북통일이 된다면 많은 변화가 생길 거야.

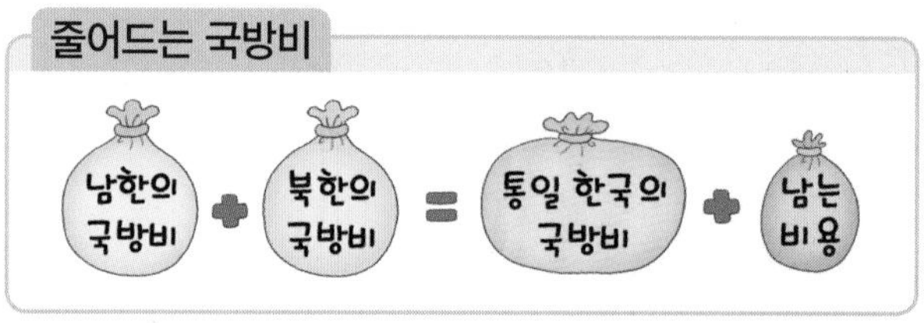
줄어드는 국방비
남한의 국방비
북한의 국방비
통일 한국의 국방비
남는 비용

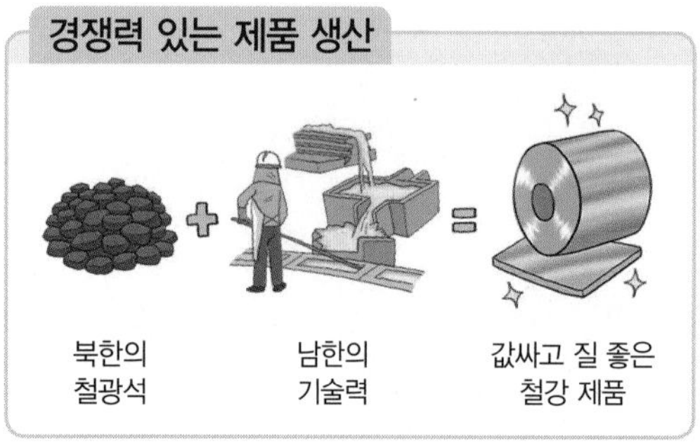
경쟁력 있는 제품 생산
북한의 철광석
남한의 기술력
값싸고 질 좋은 철강 제품

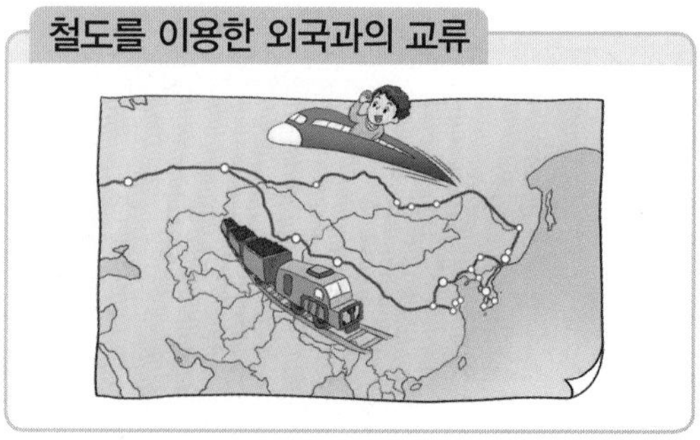
철도를 이용한 외국과의 교류

3 남북통일을 위한 노력

남북통일을 위해
정부와 민간단체가
서로 교류·협력
하고 있어.

통일을 위한 정치적 노력

남북 정상 회담을 개최함.

통일을 위한 경제적 노력

개성 공단 가동을 시작함.

통일을 위한 사회·문화적 노력

남북한 평창 동계 올림픽
선수단이 공동 입장함.

남북 예술단이 합동 공연을 함.

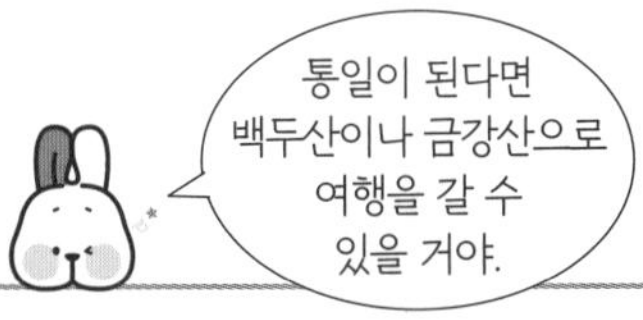
통일이 된다면
백두산이나 금강산으로
여행을 갈 수
있을 거야.

하루 뉴스

20△△. △△. △△.

통일 한국의 관광객 증가

통일 이후 우리나라를 찾는 해외 관광객 수가 매년 큰 폭으로 증가하고 있습니다. 통일 한국 관광청은 지난해 같은 시기에 비해 올해 우리나라를 찾은 관광객이 20%가량 증가했다고 발표했습니다.

통일 이후 한반도에 전쟁의 위험이 사라지자 더 많은 사람이 한반도의 아름다움을 즐기고자 우리나라를 찾는 것으로 보입니다.

▲ 백두산

1일 우리 땅 독도

1 다음 지도에서 독도의 위치를 찾아 기호를 쓰시오.

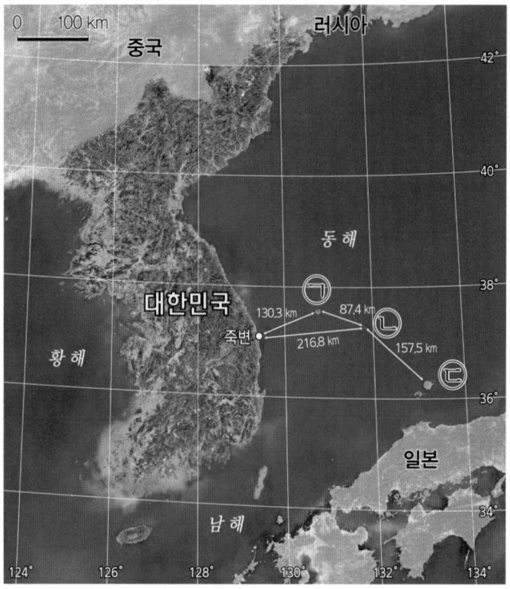
0 100 km
러시아
중국
42°
40°
동해
38°
대한민국
㉠
130.3 km
87.4 km
㉡
죽변
216.8 km
157.5 km
황해
㉢
36°
일본
남해
34°
124°
126°
128°
130°
132°
134°

( )

2 독도에 대한 설명으로 알맞지 않은 것은 어느 것입니까? ( )

① 동해의 한가운데에 있다.
② 다양한 모양의 바위가 있다.
③ 다양한 동식물이 살고 있다.
④ 천연기념물로 지정되어 있다.
⑤ 넓은 평야가 있어 농사짓기가 좋다.

3 다음 설명에 해당하는 동물은 어느 것입니까? ( )

• 갈매깃과입니다.
• 독도에서 집단 번식을 하고 있습니다.

① 강치 ② 참새 ③ 살오징어
④ 도화새우 ⑤ 괭이갈매기

2일 독도를 지키려는 노력

4 다음 안용복에 대한 이야기에서 (   ) 안의 알맞은 말에 ○표를 하시오.

> 안용복은 (일본 / 중국)에 건너가 울릉도와 독도가 우리나라의 영토임을 확인하고 돌아왔고, 안용복의 노력으로 이후에 '울릉도 도해 금지령'이 내려지게 되었습니다.

5 독도를 지키기 위해 다음과 같은 활동을 하는 것은 누구입니까? (   )

> • 독도에 등대를 설치합니다.
> • 경비대원을 두고 독도를 지키도록 합니다.
> • 독도에 배를 댈 수 있는 선박 접안 시설을 설치합니다.

① 정부　② 학교　③ 어린이
④ 국제기구　⑤ 민간단체

6 다음 사진의 단체가 한 일을 두 가지 고르시오. (,   )

▲ 반크

① 독도에 등대를 설치했다.
② 독도를 24시간 경비하고 있다.
③ 일본의 억지 주장을 바로잡고 있다.
④ 독도에 온 일본 어민들을 크게 꾸짖고 있다.
⑤ 독도에 관한 사실을 전 세계 사람들에게 알리고 있다.

3일 남북통일이 필요한 까닭

7 우리나라가 남북으로 분단된 계기가 된 사건은 어느 것입니까? (　　　　)

① 외환 위기
② 6·25 전쟁
③ 제1차 세계 대전
④ 6·29 민주화 선언
⑤ 5·18 민주화 운동

8 다음은 통일의 필요성을 그림으로 나타낸 것입니다. □ 안에 공통으로 들어갈 알맞은 말은 어느 것입니까? (　　　　)

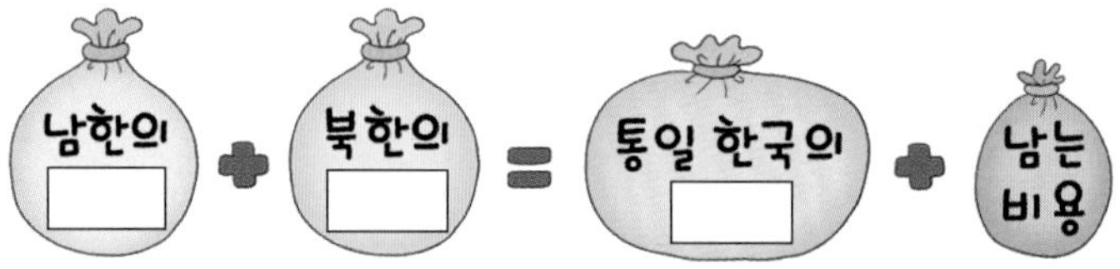
남한의
북한의
통일 한국의
남는 비용

① 관광비
② 교통비
③ 문화비
④ 교육비
⑤ 국방비

9 다음 통일의 필요성에 대한 그림에서 ㉠, ㉡에 들어갈 말이 알맞게 짝 지어진 것은 어느 것입니까? (　　　　)

북한의 ㉠ 　 남한의 ㉡ 　 값싸고 질 좋은 철강 제품

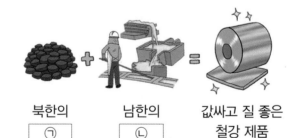

	㉠	㉡
①	자본	노동력
②	철광석	기술력
③	철광석	노동력
④	노동력	철광석
⑤	기술력	철광석

4일 남북통일을 위한 노력

10 남북통일을 위한 정치적 노력은 어느 것입니까? (　　　　)

① 개성 공단 가동
② 남북 정상 회담 개최
③ 남북 예술단 합동 공연
④ 경의선·동해선 연결 및 현대화
⑤ 남북한 평창 동계 올림픽 선수단 공동 입장

서술형

11 남북통일을 위한 사회·문화적인 노력을 한 가지만 쓰시오.

___

___

똑똑한 하루 퀴즈

12 오른쪽 표에 우리나라의 지형을 늘어놓았어요. 독도에서 볼 수 있는 지형이 있는 칸만 색칠하면 어떤 자음이 나오는지 □ 안에 써 보세요.

독도에서 볼 수 있는 지형이 있는 칸을 모두 색칠하면 자음
'□'이 나와.

천장굴	한반도 바위	탕건봉
한강	한라산	삼형제굴 바위
백두산	태백산맥	독립문 바위

3주 누구나 100점 TEST

맞은 개수 /10개

1 다음 사진의 섬은 어디입니까? (　　　　)

① 진도　② 독도
③ 거제도　④ 백령도
⑤ 울릉도

2 다음 설명에 해당하는 지도를 찾아 ○표를 하시오.

현존하는 우리나라 옛 지도 중 우산도(지금의 독도)가 표기된 가장 오래된 지도입니다.

(1)

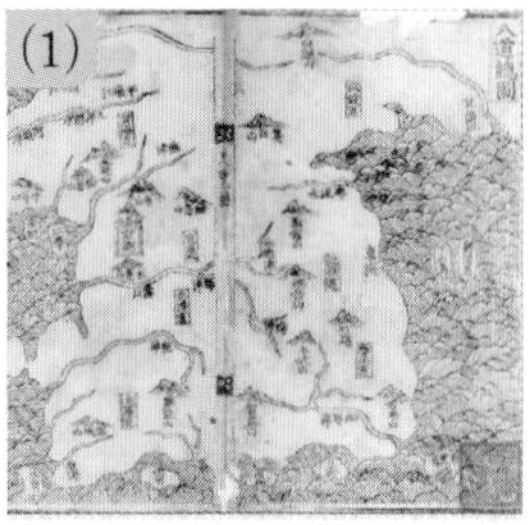

▲「팔도총도」

(　　　　)

(2)

▲「대일본전도」

(　　　　)

3 독도에 대해 바르게 말한 어린이를 쓰시오.

중원 : 독도는 경기도에서 기차를 타고 갈 수 있어요.
윤혜 : 독도는 천연기념물 제336호로 지정되어 있어요.
민후 : 독도는 평야가 넓게 펼쳐져 있어서 사람들이 살기 좋아요.

(　　　　)

4 안용복이 한 일로 알맞은 것을 보기에서 찾아 기호를 쓰시오.

보기
㉠ 울릉도에 온 일본 어민들과 친하게 지냈습니다.
㉡ 울릉도와 독도를 24시간 지키는 경비대원을 배치했습니다.
㉢ 일본에 가서 독도가 우리나라의 영토임을 확인받고 왔습니다.

(　　　　)

5 다음 독도에 대한 내용에서 (　　) 안의 알맞은 말에 ○표를 하시오.

정부가 독도에 등대, 선박 접안 시설, 경비 시설 등을 설치한 것은 독도를 (지키기 / 개발하기) 위해서입니다.

6 신문 기사를 읽고, (　　) 안의 알맞은 말에 ○표를 하시오.

○○신문　　20△△년 △△월 △△일

낮과 밤을 가리지 않는 휴전선의 경계	남북한 정상의 역사적인 첫 만남

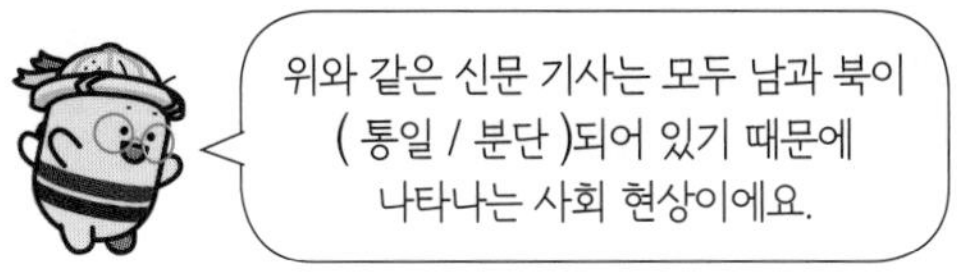
위와 같은 신문 기사는 모두 남과 북이 (통일 / 분단)되어 있기 때문에 나타나는 사회 현상이에요.

7 이산가족의 아픔을 겪고 있는 사람은 누구입니까? (　　　)

①

전쟁이 일어날까 봐 무서워.

②

북에 계신 어머니를 만나러 갈 수가 없어서 너무 슬퍼.

③

국방비로 쓰이는 비용이 너무 많아.

④

한복 입었구나?
조선 옷 입었구나? 그런데 왜 말이 서로 다르지?

8 남북통일이 필요한 까닭으로 알맞은 것을 두 가지 고르시오. (　　,　　)

① 국방비를 줄일 수 있어서
② 전쟁의 긴장감을 높일 수 있어서
③ 경쟁력 있는 제품을 만들 수 있어서
④ 남북이 서로 다른 문화를 만들 수 있어서
⑤ 비행기를 이용해서 다른 나라에 갈 수 있어서

9 통일을 위한 노력과 관련하여 다음 □ 안에 들어갈 알맞은 도시는 어디입니까? (　　　)

> 남한의 자본과 기술력에 북한의 노동력이 결합한 □ 공단이 활발하게 운영되었던 적이 있습니다.

① 서울　　② 평양
③ 개성　　④ 대전
⑤ 부산

10 남북통일을 위한 노력에 대해 바르게 말한 어린이를 쓰시오.

> 윤우 : 남북이 서로 교류하지 않는 것이 통일을 위한 방법이에요.
> 한성 : 정부뿐만 아니라 민간단체도 통일을 위해 노력할 수 있어요.

(　　　　　　　)

3주

창의·융합·코딩

생활 속 사회

독도에 대한 설명을 보고, 독도의 다양한 자연환경을 살펴봅니다.

아름다운 우리 땅, 독도

◎ 해저 지형도

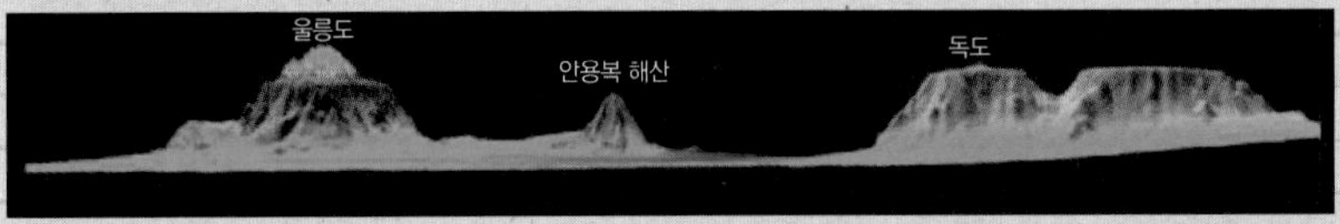
울릉도
안용복 해산
독도

◎ 해양 생물

▲ 살오징어

▲ 부채뿔산호

▲ 도화새우

◎ 다양한 동식물

▲ 섬기린초

▲ 사철나무

▲ 괭이갈매기

바다의 밑바닥에는 '불타는 얼음'이라고도 불리는 가스 하이드레이트가 묻혀 있어요.

정답과 풀이 12쪽 빠른 정답 보기

3주

1 다음 대화를 읽고, ㉠과 ㉡에 들어갈 알맞은 말을 글자 칸에서 찾아 각각 쓰세요.

Talk Talk

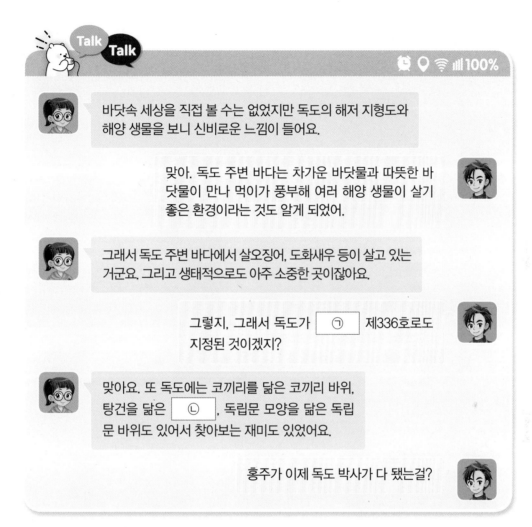

바닷속 세상을 직접 볼 수는 없었지만 독도의 해저 지형도와 해양 생물을 보니 신비로운 느낌이 들어요.

맞아. 독도 주변 바다는 차가운 바닷물과 따뜻한 바닷물이 만나 먹이가 풍부해 여러 해양 생물이 살기 좋은 환경이라는 것도 알게 되었어.

그래서 독도 주변 바다에서 살오징어, 도화새우 등이 살고 있는 거군요. 그리고 생태적으로도 아주 소중한 곳이잖아요.

그렇지, 그래서 독도가 [㉠] 제336호로도 지정된 것이겠지?

맞아요. 또 독도에는 코끼리를 닮은 코끼리 바위, 탕건을 닮은 [㉡], 독립문 모양을 닮은 독립문 바위도 있어서 찾아보는 재미도 있었어요.

홍주가 이제 독도 박사가 다 됐는걸?

건	보	기	탕	국	무
연	물	령	한	념	도
정	천	갓	내	반	봉

㉠ (   ) ㉡ (   )

창의·융합·코딩

사고 쑥쑥

'한반도의 미래와 통일'에 대한 내용을 살펴봅니다.

2 이번 주에 공부한 내용을 기억하며, 다음 십자말풀이를 해 보세요.

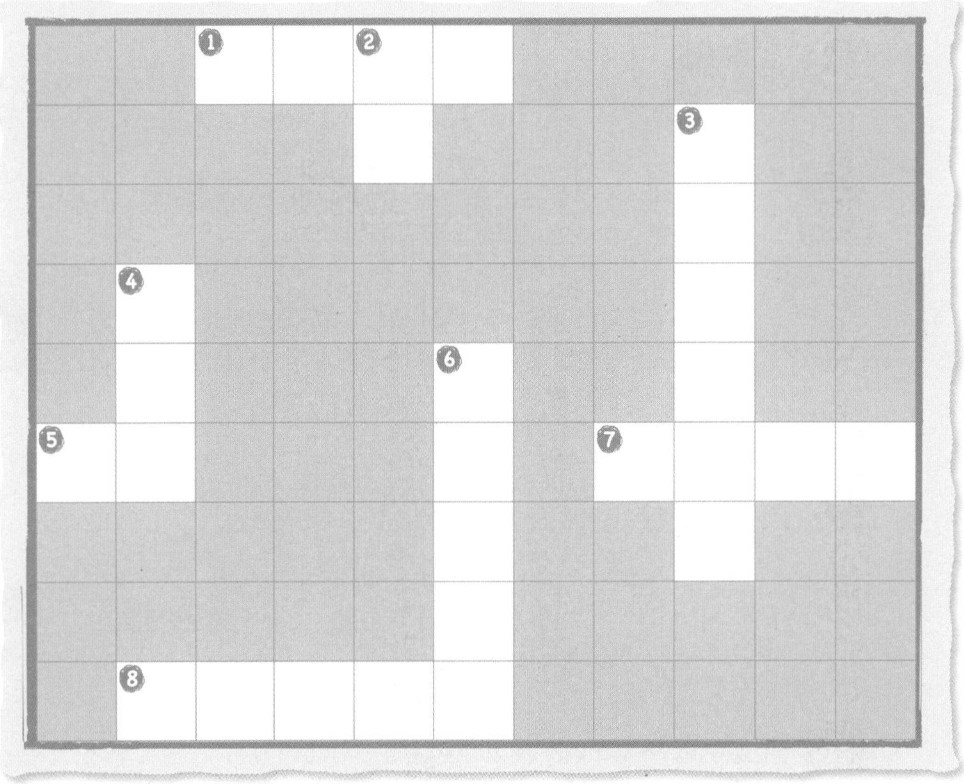

→ 가로

1. 남한의 자본과 기술력, 북한의 노동력이 결합되어 북한에서 운영되었던 ○○ ○○
5. 독도를 이루는 두 개의 큰 섬은 ○○와 서도임.
7. 2000년, 2007년, 2018년에 남과 북의 지도자가 만난 남북 ○○ ○○
8. 독도에 있는 한반도 모양을 닮은 바위

↓ 세로

2. 2018년 평창 동계 올림픽 개막식과 폐회식에서 남북한 선수단이 함께 입장한 남북한 ○○ 입장
3. 서로 만나는 것을 상봉이라고 한다면, 남과 북에 흩어져 있던 가족이 서로 만나는 것은 ○○○○ ○○
4. 독도에서 가장 가까운 우리나라의 섬
6. 독도에 있으며 코끼리가 물을 먹는 모습을 닮은 바위

남북통일이 되었을 때 미래 모습은 어떨지 살펴봅니다.

3 다음 만화를 보고, 통일 한국의 미래 모습에 대한 그림과 관련 있는 설명을 찾아 줄로 이으세요.

다 같이 모여서 저런 공연을 왜 하는 거야?
남북통일을 위해 노력하는 모습인 것도 모르니?
남북통일이 되면 더 복잡해지고 힘들어지는 거 아니야?
글쎄, 아래 내용을 한번 봐 봐.

(1) 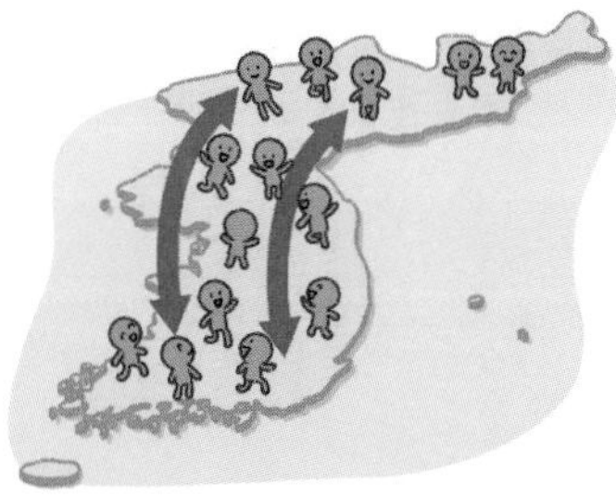 •

(2)  •

유럽
아시아

(3) 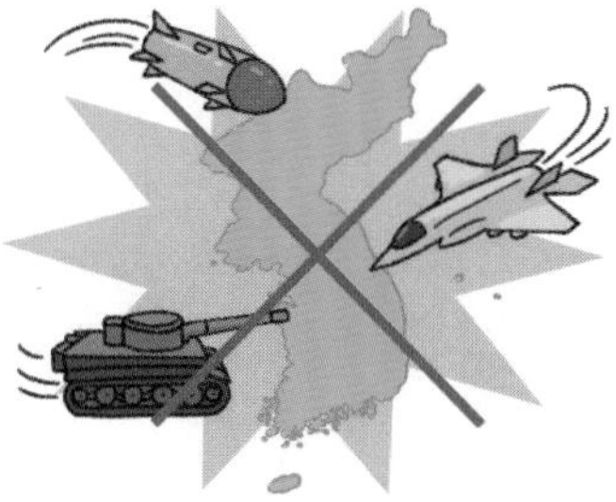 •

• ㉠ 통일 한국은 전쟁의 위협으로부터 벗어날 수 있음.

• ㉡ 통일 한국에서는 사람들이 남과 북을 자유롭게 이동할 수 있음.

• ㉢ 통일 한국은 육로로 아시아와 유럽의 국가들과 연결될 수 있음.

비밀번호를 풀 수 있는 힌트를 보고, 독도에 대한 알맞은 설명을 찾아봅니다.

4 스톰이 독도에서 빠져 나가기 위해서는 열쇠의 비밀번호가 필요해요. 힌트를 보고 비밀번호를 찾아 완성하세요.

어서 도망가야지!
플래시가 오기 전에 얼른 가야 하는데!
내가 아주 꽁꽁 묶어 놨는데!
독도에 대한 힌트를 보고 한번 풀어 보시지!

비밀번호 힌트

- 열쇠를 열고 싶다면 '독도'에 대해 알맞게 설명한 내용이 적힌 번호를 순서대로 누릅니다.
- 비밀번호는 세 자리 숫자입니다.

4 민간단체는 독도를 지키기 위해 독도에 경비 시설을 설치했습니다.
8 반크는 독도에 관한 사실을 전 세계 사람들에게 알리기 위해 노력하고 있습니다.
3 안용복은 최근에 독도를 지키기 위해 노력한 사람입니다.
6 독도 주변 바다는 여러 해양 생물이 살 수 없는 환경입니다.
2 독도를 천연기념물 제336호로 지정해 보호하고 있습니다.
9 독도는 남해의 한가운데에 자리잡고 있습니다.
1 독도는 동도와 서도인 두 개의 큰 섬과 그 주위에 크고 작은 바위섬 89개로 이루어졌습니다.

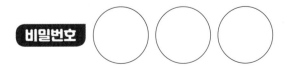

비밀번호 ◯ ◯ ◯

남북통일에 대한 질문을 보고, 도착까지 가는 길을 완성해 봅니다.

5 질문에 알맞은 대답을 찾아 화살표로 가는 길을 표시해 보세요.

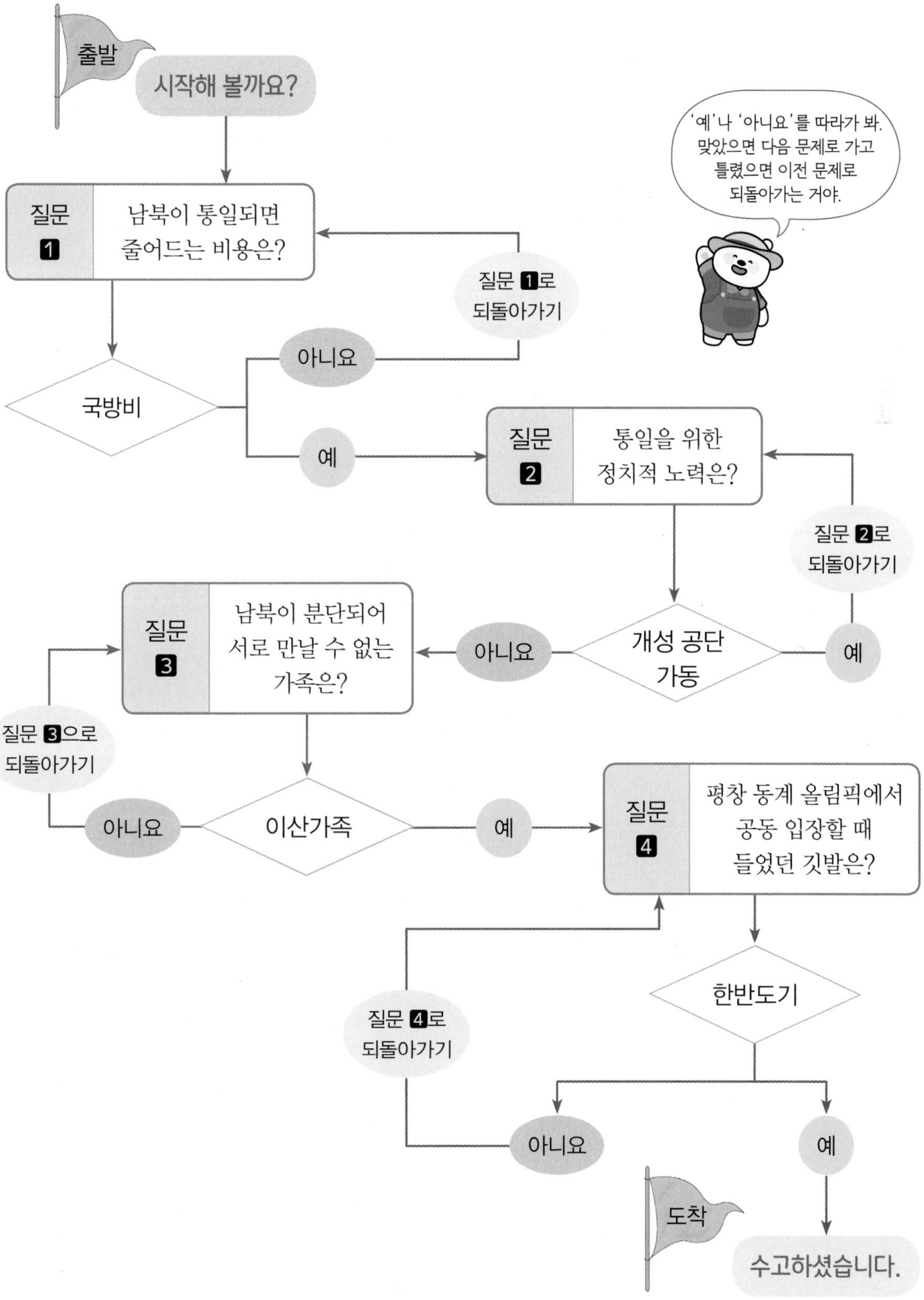

출발
시작해 볼까요?
'예'나 '아니요'를 따라가 봐. 맞았으면 다음 문제로 가고 틀렸으면 이전 문제로 되돌아가는 거야.
질문 1
남북이 통일되면 줄어드는 비용은?
국방비
아니요
질문 1로 되돌아가기
예
질문 2
통일을 위한 정치적 노력은?
개성 공단 가동
예
질문 2로 되돌아가기
아니요
질문 3
남북이 분단되어 서로 만날 수 없는 가족은?
이산가족
아니요
질문 3으로 되돌아가기
예
질문 4
평창 동계 올림픽에서 공동 입장할 때 들었던 깃발은?
한반도기
아니요
질문 4로 되돌아가기
예
도착
수고하셨습니다.

4주 지구촌 평화와 지속 가능한 지구촌

4주에는 무엇을 공부할까? 1

와~
우리나라 사람들이 멀리까지 가서 태권도도 가르쳐 주고, 정말 자랑스럽다.
지구인들, 조금 멋있는데?
그러게. 지구 사람들은 서로 돕는 마음이 정말 따뜻해.
근데 홍주야! 불 끌 시간이 되지 않았어?
맞아요. 퀵, 빨리 불을 끌 준비를 해야 돼!
후다닥
밤에 불을 왜 끄는데?
퀵은 아직 모르는구나?
지구촌 환경 문제가 정말 심각하잖아. 그래서 '지구촌 전등 끄기' 캠페인을 하는 거야.
정말 불을 다 껐네? 이런 행사는 왜 하는 거야?
와, 정말 신기한 행사네. 나도 지구촌 문제 해결에 지금 동참한 거야?
뭐 그렇다고 볼 수 있지.
근데 동참할 수 있는 일이 그것뿐만이 아니거든?
그럼 우리가 지속 가능한 지구촌을 위해 어떤 일을 해야 할지 같이 알아볼까?
좋아요!

▲ 시리아 난민 사진을 보도한 신문 기사

살 곳을 잃은 난민들이
다른 나라에 도움을
청하기도 해.

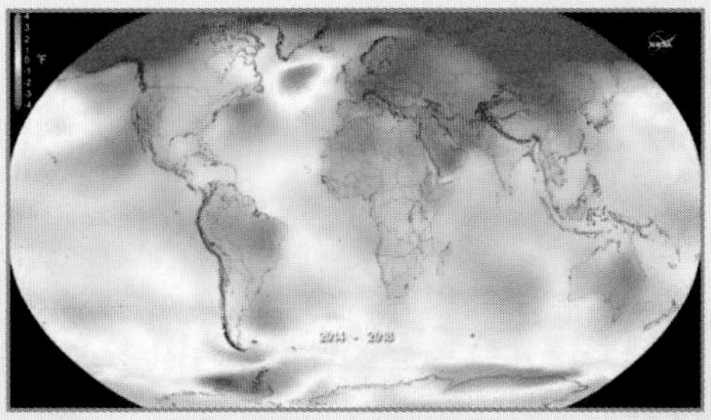

▲ 지구 온난화

- 지구촌 문제
  - 갈등
    - 원인: 민족, 종교, 인종, 자원
    - 해결 노력: 개인, 국제기구, 비정부 기구
  - 환경 문제
    - 지구 온난화
    - 초미세 먼지
    - 플라스틱 쓰레기

▲ 유엔기

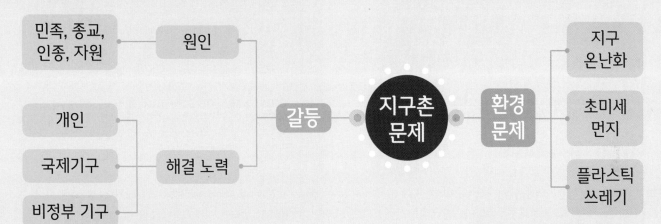

지구촌 사람들은
지구촌 환경 문제를
해결하려고 노력
하고 있어.

▲ 일회용품 줄이기

지구촌에서 일어나는 다양한
문제에 관심을 갖고 해결하기 위해
우리도 힘을 보탤 수 있어!

4주 핵심 용어

4주에는 무엇을 공부할까? ❷

내 전

內 戰

안 내 싸움 전

항상 불안하고
두려워.

뜻 **한 나라 안에서 일어나는 전쟁**

예 시리아, 나이지리아 등에서 **내전**이 발생했다.

한 나라 안에서 전쟁이
일어나면 약한 사람들이
큰 피해를 입어.

국제기구

國 際 機 構

나라 국 사이 제 틀 기 얽을 구

뜻 **어떤 국제적인 목적이나 활동을 위해서 두 나라 이상의 회원국으로 구성된 조직체**

예 세계 여러 나라들이 서로 협력하기 위해 **국제기구**를 만들었다.

유네스코

유네스코
세계 유산도
지정하고 있죠.
UNESCO

뜻 **국제 연합 산하(어떤 조직체나 세력의 관할 아래) 전문 기구 중 하나로, 교육, 과학, 문화 분야 등에서 다양한 국제 교류를 하면서 국제 평화를 추구하고 있음.**

예 **유네스코**는 유물과 유적을 보호하는 활동도 한다.

비정부 기구

非 政 府 機 構

아닐 비 정사 정 마을 부 틀 기 얽을 구

세이브 더
칠드런의 모자 뜨기
캠페인에 참여
중이에요.

뜻 **뜻이 같은 개인들이 모여 지구촌의 여러 문제를 해결하고자 활동하는 조직**

예 그린피스, 국경 없는 의사회, 해비타트 등은 **비정부 기구**이다.

지구촌 평화와 지속 가능한 지구촌

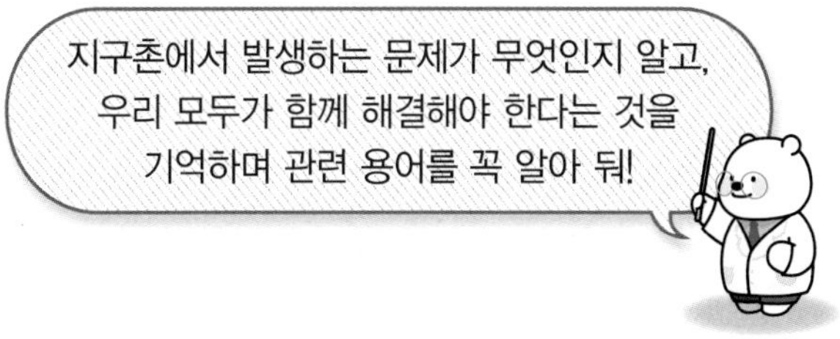
지구촌에서 발생하는 문제가 무엇인지 알고,
우리 모두가 함께 해결해야 한다는 것을
기억하며 관련 용어를 꼭 알아 둬!

지구 온난화

地 球
땅 지 공 구

溫 暖 化
따뜻할 온 따뜻할 난 될 화

지구가 펄펄
끓고 있어요.

뜻 **지구의 기온이 높아지는 현상**

예 온실가스 때문에 **지구 온난화**가 점점 심해진다.

빈 곤

貧 困
가난할 빈 괴로울 곤

가뭄으로 마실
물도 부족해요.

뜻 **가난해 생활하는 것이 어려운 상태**

예 가뭄이 계속되면 **빈곤** 문제가 심각해진다.

지속 가능한
미래를 만들기 위해
노력하자.

세계 시민

世 界
인간 세 지경 계

市 民
저자 시 백성 민

비닐봉지를
쓰지 않아요.

뜻 **지구촌 문제가 우리의 문제임을 알고 이를 해결하고자 협력하는 자세를 지닌 사람**

예 우리도 **세계 시민**으로서 책임감을 가져야 한다.

환경을
보호합시다.
지구촌을
살립시다.
으쓱
으쓱
지속 가능한 미래를
만들기 위한 지구인들의
노력을 본받고 싶어.
지구인들이
이 정도라고요!

1일 지구촌 갈등의 원인과 문제점

내전 지역으로 왔다고?

내 놔!!
투닥
투닥
지금이야, 퀵!!
으악!
헉!
안 돼!! 플래시!
형편없는 실력이었어. 퀵!
마지막으로 플래시의 위치가 잡힌 곳이 여긴데….
이곳은 시리아라는 나라야.
여기서 무슨 일이 일어난 거야?
시리아는 독재 정치와 종교 문제로 내전이 계속되고 있어.
내전이라면, 저… 전쟁?!
응. 그래서 많은 사람이 고통을 받았고 난민도 많이 발생했지.

용어 체크

내전

한 나라 안에서 일어나는 전쟁

예 시리아 ❶ [ ] 으로 푸르고 아름다웠던 곳이 부서지고 황폐해졌다.

황폐: 집, 토지, 삼림 따위가 거칠어져 못 쓰게 됨.

난민

전쟁이나 재해 등으로 자기 나라를 떠나 머물 곳을 찾아 헤매는 사람

예 다른 나라의 ❷ [ ] 이 우리나라에 들어오기도 한다.

정답 ❶ 내전 ❷ 난민

지구촌 갈등은 왜 일어나는 거야?

끔찍해!
지구촌에는 이런 갈등이 일어나는 지역이 많아.
왜 그런 일들이 일어나는 거야?
영토, 자원, 종교 등 다양한 원인이 있지. 자기 나라만 생각하는 이기적인 마음 때문이기도 하고.
이기적이라면 스톰을 따라갈 수 없지.
자기 만족을 위해 지구를 엉망으로 만들고 있잖아!
이 무너진 건물들 어딘가에 플래시를 가둔 걸까?
근데 스톰은 왜 여기로 왔을까?
스톰의 행동에는 나름의 이유가 있을 거야.
플래시가 걱정돼. 주변 건물들을 수색해 봐야겠어.
스톰의 요트
푹 자 둬! 난 쇼를 위해 준비물들을 챙겨 올 테니까.

용어 체크

갈등

칡과 등나무가 서로 얽히는 것과 같이, 개인이나 집단 사이에 목표나 이해관계가 달라 서로 적대시하거나 충돌함.
(적대시: 적으로 여겨 봄.)

예 지구촌 ❶ [ ] 은 국가나 민족 등이 충돌을 일으켜 긴장 관계에 있는 상황이다.

영토

한 나라의 주권이 미치는 땅의 범위

예 한 나라의 영역은 ❷ [ ], 영해, 영공으로 구성된다.

정답 ❶ 갈등 ❷ 영토

개념 동영상

1 지구촌 갈등에는 어떤 것들이 있을까?

이스라엘과 팔레스타인의 갈등

- 유대교를 믿는 **이스라엘**과 이슬람교를 믿는 **팔레스타인**의 다툼은 1948년 이후 지금까지 계속되어 왔음.
- 계속된 갈등으로 많은 사람이 다치고 죽었으며, 살 곳을 잃었음.

역사적으로 이곳은 우리가 살던 곳이고 유대교 성서에도 기록되어 있으니 우리 땅이에요!
지금 우리가 살고 있는 곳인데 갑자기 유대인이 주인이라니요? 그리고 우리는 이슬람교를 믿어요.
이스라엘
팔레스타인

시리아 내전

- 독재 정치와 종교 문제로 국내에 크고 작은 전쟁이 계속되고 있음.
- 내전으로 인한 난민이 많이 발생하여 세계적인 문제가 되고 있음.

나이지리아는 영국으로부터 독립하는 과정에서 문화와 종교가 다른 부족들이 하나의 나라로 묶이게 되었어.

나이지리아 내전

- 언어, 민족, 종교가 서로 다른 250여 개의 종족들이 서로 협력하지 못함.
- 38년 동안 전쟁이 일곱 번 발생하는 등 불안정한 상태가 지속되고 있음.

메콩강 유역의 갈등

미얀마, 라오스, 타이, 캄보디아, 베트남 주로 벼농사를 짓기 때문에 물이 부족하면 식량난에 처할 수 있어서 중국이 마음대로 메콩강의 물을 막았다며 크게 반발했음.

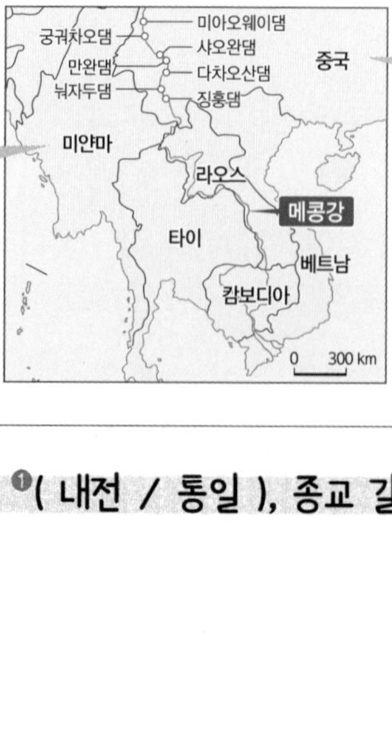
궁궈차오댐
만완댐
눠자두댐
미아오웨이댐
샤오완댐
다차오산댐
징훙댐
중국
미얀마
라오스
메콩강
타이
베트남
캄보디아
0 300 km

중국 2010년에 메콩강 상류에 거대한 댐을 건설해 흐르는 물의 양을 조절했음.

✔ 지구촌 갈등에는 한 나라 안에서 일어나는 ❶(내전 / 통일), 종교 갈등, 자원 갈등 등이 있습니다.

2 지구촌 갈등의 원인은 무엇일까?

지구촌 갈등	원인
이스라엘과 팔레스타인의 갈등	하나의 지역을 서로 자기 땅이라고 주장하고, 서로 종교가 다름.
시리아 내전	나라 안의 독재 정치와 종교 문제
나이지리아 내전	다른 문화와 종교를 가진 민족들의 대립
메콩강 유역의 갈등	물 자원을 많이 차지하려는 나라와의 갈등

지구촌 갈등은 영토, 자원, 종교, 언어, 인종, 민족, 역사, 정치 등의 다양한 원인이 복합적으로 얽혀 있어.

지구촌 갈등은 ❷(다양한 / 한 가지) 원인으로 인해 발생합니다.

3 지구촌 갈등은 어떤 영향을 줄까?

- 우리나라에도 난민이 들어온다고 함.
- 전쟁 중인 나라에 우리나라 군인을 파견하거나 구호품을 보냄.

→ 지구촌 갈등의 문제는 다른 여러 국가와 연결되어 있어 짧은 시간에 해결하기 어렵고, 여러 사람이 함께 노력해야 함.

구호품: 재해나 재난 따위로 어려움에 처한 사람을 도와주기 위하여 보내는 물건

한 나라 안에서 일어난 문제는 지구촌 전체의 문제가 될 수 ❸(없습니다 / 있습니다).

정답 ❶ 내전 ❷ 다양한 ❸ 있습니다

개념 체크

정답과 풀이 13쪽

1 이스라엘은 ☐☐교를 믿고, 팔레스타인은 이슬람교를 믿습니다.

2 중국이 ☐☐강 상류에 댐을 건설해 다른 나라들과 갈등이 발생했습니다.

3 나이지리아 내전은 ☐☐ 문화와 종교를 가진 종족들이 협력하지 못해 일어났습니다.

보기
- 힌두
- 유대
- 나일
- 메콩
- 다른
- 같은

개념 확인하기

정답과 풀이 13쪽

빠른 정답 보기

1 다음 지구촌 갈등에 대한 내용을 읽고, 이스라엘의 주장을 찾아 기호를 쓰시오.

역사적으로 이곳은 우리가 살던 곳이고 유대교 성서에도 기록되어 있으니 우리 땅이 맞습니다.
㉠
㉡
지금 우리가 살고 있는 곳인데 갑자기 유대인이 주인이라니요? 그리고 우리는 이슬람교를 믿어요.

( )

2 다음 사진과 같이 독재 정치와 종교 문제로 내전을 겪은 나라는 어디입니까? ( )

▲ 내전 이전 모습

▲ 내전 이후 모습

① 북한 ② 일본 ③ 중국
④ 시리아 ⑤ 프랑스

3 나이지리아에서 전쟁이 반복되고 있는 까닭은 어느 것입니까? ( )

① 인구가 줄어들고 있어서
② 인구에 비해 영토가 좁아서
③ 전쟁 이후 나라가 남북으로 분단되어서
④ 다른 나라의 댐 건설로 물이 부족해져서
⑤ 언어, 민족 등이 다른 종족들이 하나의 나라로 묶여 있어서

지구촌 갈등의 원인과 문제점

4 중국이 메콩강 상류에 댐을 건설해 흐르는 물을 막았을 때 발생할 수 있는 일을 바르게 말한 어린이를 쓰시오.

운형 : 메콩강 주변국들의 벼농사가 더 잘될 거예요.
정선 : 메콩강 주변국들이 물 부족 문제를 겪을 수 있어요.
나희 : 중국이 갖고 있는 물 자원을 다른 나라에 빼앗기게 돼요.

(　　　　　　　　　　)

5 다음 지구촌 갈등에 대한 대화에서 □ 안에 들어갈 알맞은 말을 한 가지만 쓰시오.

지구촌 갈등이 일어나는 지역이 많구나.

지역마다 □ 이/가 다른 경우가 많기 때문이야. 서로 이해하고 살면 좋겠지만 다툼이 시작되면 쉽게 끝나지 않더라고.

(　　　　　　　　　　)

똑똑한 **하루 퀴즈**

6 바나 알라베드 이야기를 읽고, 이 어린이가 겪고 있는 지구촌 갈등은 무엇인지 쓰세요.

시리아 알레포에 사는 일곱 살의 바나 알라베드는 누리 소통망 서비스(SNS) 계정을 만들어 자신이 겪는 일들을 올렸습니다. 전쟁으로 폐허가 된 도시의 모습과 폭격이 시작될 때 두려워하며 집안 구석에 숨는 모습을 누리 소통망 서비스(SNS)에 올려 세계 모든 이들에게 도움을 호소했습니다.

마흐무드, 12세

바나, 괜찮니? 힘내.
나도 예전처럼 밖에 나가서 친구들이랑 놀고 싶어.

림, 10세

우리와 비슷한 상황이구나.
귀를 막아도 폭격 소리가 계속 들려. 나도 너무 무서워.

(　　　　　　　　　　)

2일 지구촌 갈등 해결을 위한 노력

지구의 평화를 지키는 국제기구!

이 주변에는 정말 아무도 없어.
휴, 어쩌지?
단서도 없고, 도움을 청할 곳도 없고.
국제기구에 도움을 요청할까? 국제 연합 같은 곳 말야.
국제 연합?
지구촌 갈등을 해결하고 지구촌의 평화를 위해 만들어진 국제기구야.
스톰이 지구의 평화를 해치고 있으니 얼른 도움을 요청해 보자.
하지만 우리가 말하기도 전에 스톰이 일을 저지를 거야.
우리에겐 시간이 없어.
읍
읍
시리아 영토의 일부는 지중해에 닿아 있어! 그럼 스톰이 왜 이곳에 왔는지….
그래, 그거야! 스톰의 요트!

용어 체크

국제기구

어떤 국제적인 목적이나 활동을 위해서 두 나라 이상의 회원국으로 구성된 조직체

예 지구촌 갈등을 해결하기 위해 다양한 ❶ (　　　　　)가 노력하고 있다.

국제 연합(UN)

제2차 세계 대전 이후 설립한 단체로, 지구촌의 평화 유지, 전쟁 방지, 국제 협력 활동을 하는 국제기구

예 세계는 평화로운 방법으로 갈등을 해결하고자 ❷ (　　　　　)을 만들었다.

정답 ❶ 국제기구 ❷ 국제 연합

개인이 모여 비정부 기구가 되었네.

이제 남은 곳은 여기야.
플래시~ 플래시~
쾅
쾅
플래시 형사님!!
내 장비들을 스톰이 가져갔어.
요트가 움직여요! 스톰이 돌아왔나 봐요.
잠시 후
곧 지구 역사에 남을 대단한 일이 시작될 거야. 숨겨 둔 날씨를 다 찾아왔거든~
!
여기서 그린피스의 환경 감시선 레인보우 워리어 호도 보여!
GREENPEACE
그린피스? 저 배의 주인 이름이야?
아니, 그린피스는 지구의 환경 등을 지키는 비정부 기구야.
'개인의 평화적 행동이 긍정적인 변화를 이끌어 낼 수 있다.'는 신념으로 만들었대.
좀 멋진데! 지구인 얘길 듣다 보면 감동적인 요소들이 있단 말야?
도란
도란
스톰이 나간 지 한참 됐거든? 이것 좀 풀어 줄래??

용어 체크

그린피스

지구 환경과 평화를 지키고자 다양한 방법으로 핵 실험 반대, 자연 보호 운동을 하는 단체

예 반핵 단체에서 시작된 ❶ [　　　　] 는 환경과 관련 있는 비정부 기구이다.

(반핵: 원자력과 관계된 모든 일에 반대함.)

비정부 기구(NGO)

뜻이 같은 개인들이 모여 지구촌의 여러 문제를 해결하고자 활동하는 조직

예 최근 ❷ [　　　　] 의 활동이 국제 사회에서 더욱 활발해지고 있다.

정답 ❶ 그린피스 ❷ 비정부 기구

2일 개념 익히기

개념 동영상

1 지구촌 갈등 해결을 위해 국제기구(국제 연합)는 어떤 노력을 할까?

국제 연합에는 다양한 산하 전문 기구가 있어.

국제 연합(UN)

지구촌의 평화 유지, 전쟁 방지, 국제 협력 활동을 함.

- 노동 문제를 다루는 국제 노동 기구(ILO)
- 난민들을 돕는 유엔 난민 기구(UNHCR)
- 교육, 과학, 문화 분야에서 국제 교류를 하며 국제 평화를 추구하는 유네스코(UNESCO)
- 원자력 에너지를 평화적이고 안전한 방법으로 쓰기 위한 국제 원자력 기구(IAEA)

국제 연합은 세계 여러 나라가 서로 ❶(경쟁 / 협력)해 지구촌 갈등을 해결하도록 노력하고 있습니다.

2 지구촌 갈등 해결을 위해 개인은 어떤 노력을 할까?

간디: 남아프리카 공화국에서 일어났던 인도인 인종 차별과 억압에 대해 비폭력적 방법으로 투쟁했어요.

이태석 신부: 국적과 종교를 넘어 남수단에서 의료 봉사와 교육에 헌신하여 '한국의 슈바이처'로 불렸어요.

조디 윌리엄스: 미국의 사회 운동가로, 지뢰 금지 국제 운동 단체 설립에 참여하고 활동하여 노벨 평화상도 받았어요.

말랄라 유사프자이: 파키스탄의 운동가로 누리 소통망 서비스(SNS)를 이용해 탈레반 점령 지역의 생활과 여학생 교육의 문제점을 알리려고 노력했어요.

지구촌 갈등을 해결하기 위해 간디, 이태석 신부, 조디 윌리엄스, 말랄라 유사프자이 등의 ❷(개인 / 국가)이/가 다양한 노력을 했습니다.

3 지구촌 갈등 해결을 위해 비정부 기구는 어떤 노력을 할까?

국경 없는 의사회

MEDECINS SANS FRONTIERES
국 경 없 는 의 사 회

인종, 종교, 성별 등과 관계없이 의료 지원이 필요한 사람들을 돕는 단체

그린피스

GREENPEACE

지구 환경과 평화를 지키고자 다양한 방법으로 핵 실험 반대, 자연 보호 운동을 하는 단체

비정부 기구는
스스로 생각하는 것을
국가나 다른 단체의 간섭을
받지 않고 자유롭게
할 수 있어.

세이브 더 칠드런

Save the Children

아동의 생존과 보호를 돕고, 시민들이 참여하도록 하는 단체

해비타트

Habitat for Humanity®

터전을 잃어버린 사람들에게 집을 지어 주는 단체

국제 앰네스티

AMNESTY INTERNATIONAL

인권과 관련된 시민 활동을 하는 국제단체

☑ **비정부 기구는 지구촌의 ❸(평화 / 전쟁)와/과 발전을 이룰 수 있도록 다양한 노력을 하고 있습니다.**

정답 ❶ 협력 ❷ 개인 ❸ 평화

개념 체크

정답과 풀이 13쪽

1 지구촌의 평화 유지를 위해 활동하는 대표적인 국제기구는 국제 □□입니다.

2 이태석 신부는 □□□에서 의료 봉사와 교육에 헌신했습니다.

3 세이브 더 칠드런은 □□과 관련 있는 비정부 기구입니다.

보기
- 연합
- 조직
- 브라질
- 남수단
- 노인
- 아동

2일 개념 확인하기

정답과 풀이 13쪽

빠른 정답 보기

1 국제 연합(UN)에 대한 설명으로 알맞은 것을 두 가지 고르시오. (　　,　　)

① 국제기구이다.

② 비정부 기구이다.

③ 2021년에 만들어졌다.

④ 산하 전문 기구는 없다.

⑤ 국제 협력 활동을 하고 있다.

2 다음 전문 기구들의 로고를 보고 하는 일을 바르게 줄로 이으시오.

(1) •　　　　• ㉠ 전 세계의 노동 문제를 다룸.

(2) •　　　　• ㉡ 난민들을 돕고 있음.

(3) •　　　　• ㉢ 원자력 에너지를 안전하게 이용하도록 함.

(4) •　　　　• ㉣ 교육, 과학, 문화 분야 등에서 다양한 국제 교류를 함.

3 다음에서 설명하는 인물은 누구입니까? (　　　　)

- 평화롭게 지구촌 갈등을 해결하기 위해 노력했습니다.
- 인도인 인종 차별과 억압에 대해 비폭력적 방법으로 투쟁했습니다.

① 간디　　② 안용복

③ 이태석 신부　　④ 바나 알라베드

⑤ 말랄라 유사프자이

지구촌 갈등 해결을 위한 노력

4 다음 보기에서 조디 윌리엄스와 관련 있는 것을 두 가지 찾아 기호를 쓰시오.

보기
㉠ 남수단	㉡ 해비타트
㉢ 노벨 평화상	㉣ 지뢰 금지 국제 운동 단체

(,)

집중 연습 문제 비정부 기구(NGO)

5 다음과 같은 활동을 하는 비정부 기구는 어느 것입니까? ( )

> 인종이나 종교, 성별 등과 관계없이 의료 지원이 필요한 사람들을 돕는 단체입니다.

① 그린피스 ② 유네스코
③ 국제 연합 ④ 국제 원자력 기구
⑤ 국경 없는 의사회

정답 외에 ①~⑤ 중 비정부 기구를 찾아 번호를 써 볼까?

6 아동의 권리 실현을 위해 노력하는 비정부 기구의 로고는 어느 것입니까? ( )

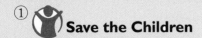

① Save the Children ② Habitat for Humanity
③ GREENPEACE ④ AMNESTY INTERNATIONAL

비정부 기구의 로고를 보면 어떤 활동을 하는지 한눈에 알아보기 쉬워.

3일 지구촌 환경 문제

지구의 온도가 올라가면?

북대서양 한가운데로 가는데, 바다가 목표인가?
바다의 온도를 올리려는 건지도 몰라.
그건 안 돼. 지금도 지구는 지구 온난화로 많은 문제가 생기고 있다고 들었어.
네, 바다의 온도가 올라가서 산호 백화도 나타나고 있죠.
스톰이 지구 온난화를 가속화시키면?
산호뿐만 아니라 많은 생물이 빠르게 멸종될 거야.
가자, 퀵! 스톰이 날씨 봉인을 풀기 전에.
지구인은 위험하니까 여기에 있어.
응!
내가 할 수 있는 일은 없을까?
도대체 어디 있는 거야?
가서, 지구의 바다를 뜨겁게 데워 버려!
내가 한 일을 모두가 기억할 수 있을 만큼 아주 뜨겁게!
꼼짝 마!! 멈춰!!

용어 체크

지구 온난화

지구의 기온이 높아지는 현상

예 심각해지는 ❶ [ ] 로 다양한 환경 문제가 나타나고 있다.

산호 백화

환경 오염 등으로 인해 산호가 하얗게 변하며 죽어 가는 현상

예 바다 온도의 상승 등으로 ❷ [ ] 현상이 나타나고 있다.

정답 ❶ 지구 온난화 ❷ 산호 백화

스톰을 뚫고 환경을 지키자!

안 돼!! 거의 다 됐는데 망칠 순 없어!!
공격!
휘리릭
꼼짝 마!
스톰!
치직
며칠 후
파리 기후 협정
Nations Unies
Conférence sur les Changements Climatiq
Paris, France
오늘 파리 기후 협정을 맺은 나라의 대표들을 비롯해 환경 단체 대표들이 모여 북대서양 부근에서 발생했던 이상 기후에 대한 회의를 열었습니다.
강풍으로 인한 심각한 피해가 우려됐으나 곧 소멸했습니다. 하지만 이번 사태 역시 지구 온난화로 인한…
와! 옥수수로 만든 생분해 플라스틱 그릇이라고?
네, 친환경 그릇이에요.

용어 체크

파리 기후 협정

지구 온난화의 원인이 되는 온실가스의 배출을 줄이기로 한 협정(행정부가 다른 나라의 정부와 약정을 맺음.)

예 전 세계 여러 나라가 환경 문제 해결을 위해 ❶ [　　　] 에 동의했다.

친환경

자연환경을 오염하지 않고 자연 그대로의 환경과 잘 어울리는 일

예 인도에서는 숟가락을 쓰고 나서 먹을 수 있는 ❷ [　　　] 숟가락이 판매되고 있다.

정답 ❶ 파리 기후 협정 ❷ 친환경

3일 개념 익히기

경제적 이익, 편리함만 생각하고 개발하여 환경 문제가 일어나고 있어.

개념 동영상

1 지구촌에서 나타나는 환경 문제는 무엇이 있을까?

세계 환경 문제

아마존 열대 우림 파괴 증가

지구의 허파라고 불리는 아마존 열대 우림이 경제 개발로 인해 파괴되고 있음.

산호 백화로 죽어가는 산호초

지구 온난화로 인한 바다 온도의 상승과 오염으로 산호가 하얗게 변하며 죽어가고 있음.

태평양의 파괴자, 미세 플라스틱

바다에 사는 동물들이 플라스틱 쓰레기를 먹이로 착각해 먹고 있음.

도시를 덮치는 초미세 먼지

초미세: 분간하기 어려울 만큼 매우 작고 세밀함.

중금속 발암 물질이 다량 함유된 초미세 먼지가 증가하고 있음.

지속 가능한 미래를 위해 미래 세대가 발전할 수 있는 가능성을 파괴하지 않아야 해.

미래 세대의 환경과 발전을 위한 **지속 가능한 미래**를 만들려면 우리는 환경을 지키고 보존해야 할 책임이 있음.

✓ 지구촌 환경 문제에는 **해양 오염, 열대 우림** ❶(파괴 / 증가), **지구 온난화, 미세 먼지** 등이 있습니다.

2 지구촌 환경 문제를 해결하는 위한 노력에는 무엇이 있을까?

개인은 친환경
제품을 사용하는
노력도 하고 있지.

개인

환경 캠페인 참여하기

함께해요!
플라스틱 줄이기
일회용 플라스틱을 생산하는데 5초, 사용하는데 5분, 분해되는데 500년!
건강하고 깨끗한 환경을 위해 플라스틱을 줄이는 올바른 분리배출 방법을 알아보고 함께 실천해 주세요!

일회용품 줄이기

자원재활용법에 따라 매장 내
1회용 컵(플라스틱 컵) 사용이
금지되어 있습니다.

에너지 절약하기

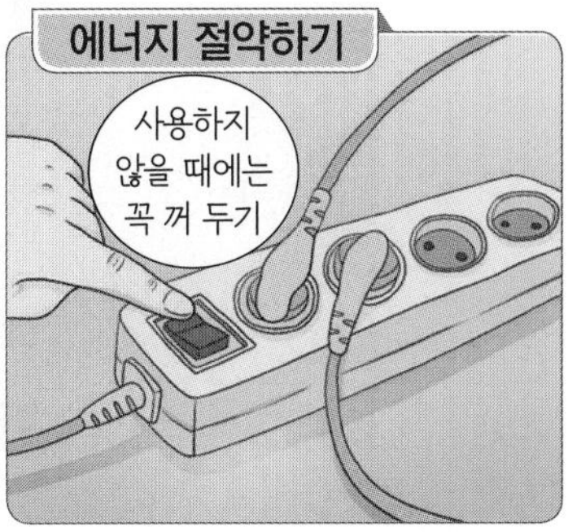
사용하지 않을 때에는 꼭 꺼 두기

기업

- 친환경 제품을 생산하는 데 힘쓰고 있음.
- 친환경 소재를 개발하거나 쓰레기를 줄이고, 에너지를 절약하려고 노력함.

국가

- '파리 기후 협정'에 동의함.
- 지속 가능한 미래를 위한 정책과 법령을 마련하고, 기업에서 배출되는 온실가스의 양을 규제함.

세계

- 세계 자연 기금은 '지구촌 전등 끄기(Earth Hour)' 캠페인 활동을 매년 개최함.
- 기후 변화 문제의 심각성을 널리 알리고 이에 적극적으로 대응하고자 우리나라를 포함하여 세계 곳곳의 개인, 기업, 단체 등이 함께 참여함.

EARTH HOUR
2021.03.27(토) 8:30PM #CONNECT2EARTH

개인, 기업, 국가, 세계가 지속 ❷(가능 / 불가능)한 미래를 위해 다양한 노력을 하고 있습니다.

정답 ❶ 파괴 ❷ 가능

개념 체크

정답과 풀이 13쪽

1 개인은 일회용품 줄이기를 하며 ☐☐ 문제 해결을 위해 노력하고 있습니다.

2 국가는 ☐☐ 기후 협정에 동의하며 환경 문제 해결을 위해 노력하고 있습니다.

3 세계 자연 기금은 지구촌 전등 ☐☐ 캠페인을 매년 개최하고 있습니다.

보기
- 환경
- 교통
- 서울
- 파리
- 켜기
- 끄기

3일 개념 확인하기

정답과 풀이 14쪽

빠른 정답 보기

1 다음 사진과 같이 열대 우림을 파괴한 까닭으로 알맞은 것은 어느 것입니까? (　　　　)

① 인구를 줄이기 위해서
② 경제 개발을 하기 위해서
③ 온실가스를 줄이기 위해서
④ 지구 온난화를 막기 위해서
⑤ 자연환경을 보존하기 위해서

2 다음 사진을 보고, (　　) 안의 알맞은 말에 ○표를 하시오.

전 세계 바다 곳곳에서 산호가 죽어가고 있습니다. 산호가 하얗게 변하며 죽어가는 현상을 산호 (백화 / 흑화)라고 합니다.

3 다음 사진과 가장 관련 있는 환경 문제는 어느 것입니까? (　　　　)

① 녹고 있는 빙하
② 쓰레기 섬의 증가
③ 초미세 먼지의 증가
④ 미세 플라스틱의 증가
⑤ 바다 온도의 급격한 상승

4 환경 문제를 대하는 우리의 태도를 바르게 말한 어린이를 쓰시오.

라온 : 우리 모두 환경을 지켜서 지속 가능한 미래를 만들려고 노력해야 해요.
민지 : 우리에게는 경제 발전의 책임은 있지만 환경을 지켜야 할 책임은 없어요.
동훈 : 미래 세대보다 우리가 환경을 더 잘 이용하고 최대한 누릴 수 있도록 노력해야 해요.

(　　　　　　　　)

집중 연습 문제 지구촌 환경 문제를 해결하기 위한 노력

5 개인이 지구촌 환경 문제를 해결하고자 할 수 있는 노력을 두 가지 고르시오. (　　,　　)

① 환경 캠페인에 참여한다.
② 온실가스의 배출 양을 규제한다.
③ 일회용품을 쓰지 않으려고 노력한다.
④ 지속 가능한 미래를 위한 법령을 만든다.
⑤ 온실가스 배출을 줄이기 위한 협정을 맺는다.

환경 문제 해결을 위해 법을 만들고, 협정을 맺는 것은 누구일까?

6 다음 포스터의 활동에 대한 설명으로 알맞지 <u>않은</u> 것은 어느 것입니까? (　　　)

EARTH HOUR
2021.03.27(토) 8:30PM #CONNECT2EARTH
우리의 미래를 만드는 시간에 함께해 주세요
earthhour.co.kr
SEOUL METROPOLITAN GOVERNMENT

① 세계 자연 기금이 개최한다.
② 우리나라에서는 참여하고 있지 않다.
③ 기후 변화 문제를 알리기 위한 활동이다.
④ 세계 곳곳의 개인, 기업, 단체 등이 참여한다.
⑤ 환경 문제를 해결하기 위한 세계의 노력이다.

지구촌 전등 끄기 캠페인은 오스트레일리아 시드니에서 시작되었어.

4일 지속 가능한 미래를 위한 노력

지구촌 문제 해결을 위해 같이 노력하자!

난 그릇보다 음식 맛이 더 감동적이야!
홍주의 도움도 많이 받았고, 지구에 대해서도 잘 알게 됐어. 고마워.
저도 재미있었어요. 참! 스톰은 어떻게 됐어요?
287년 형을 받고 우주 은하국 1급 감옥에 수감됐어.
너무해!! 이 안에서는 움직이게 해 달란 말이야!
우리가 다시 지구에 온 건 몇 가지 소식을 전하기 위해서야.
뭔데요?
우주 은하국은 스톰 때문에 발생한 지구의 피해를 복구하는 데 힘쓸 거야.
지구인이 스톰을 체포하는 데 결정적인 공을 세웠기 때문에!
보답하는 의미로 지구에서 기아로 어려움을 겪고 있는 사람들에게 구호 활동을 하기로 했어.
와!! 멋져요! 우주 은하국!

용어 체크

기아

먹을 것이 없어 굶주리는 것

예 가뭄으로 식량이 부족해져 ❶ [ ] 에 시달리는 사람들이 있다.

구호 활동

재해나 재난 등으로 어려움에 처한 사람을 도와 보호하는 활동

예 빈곤과 기아 문제를 해결하기 위해 다른 나라에 ❷ [ ] 을 하러 가기도 한다.

정답 ❶ 기아 ❷ 구호 활동

우리도 세계 시민이 될 수 있어!

이번에 지구를 돌아보면서 지구촌 문제에 더욱 관심을 가져야겠다고 생각했어요. 플래시 형사님과 퀵이 절 세계 시민으로 성장시켰달까요?
플래시보단 내 지분이 조금 더 많을걸?
캔류
병류
플라스틱류
종이류
앞으로 세계 시민으로서 비닐봉지도 쓰지 않고, 재활용도 잘하고, 환경 보호 캠페인도 하고~
플래시, 그거 빨리 줘야지!
뭐?
이건 나와 퀵이 준비한 선물이야.
우주 은하국의 고전이야.
SPACE DETECTIVE
BEST SELLER
구하느라 고생 좀 했다고!
고마워!!
지구인! 이러면 곤란해! 우리 너무 친해지지 않기로 했잖아.

용어 체크

세계 시민

지구촌 문제가 우리의 문제임을 알고 이를 해결하고자 협력하는 자세를 지닌 사람

예 무항생제 인증 표시 등이 있는 친환경 제품을 구입하는 것도 ❶ (   ) 으로서 해야 할 일이다.

무항생제 인증 표시 ▶ 무항생제 (NON ANTIBIOTIC) 농림축산식품부

정답 ❶ 세계 시민

4일 개념 익히기

개념 동영상

1 빈곤과 기아 문제를 해결하기 위한 노력은 무엇일까?

빈곤과 기아 문제

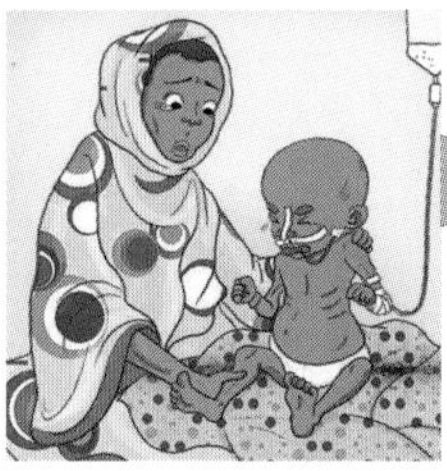

- 분쟁 지역에서 늘어나는 기아 인구
- 영양 부족으로 발육 부진을 겪는 어린이 (부진: 앞으로 나아가지 못함.)
- 가뭄으로 물과 식량이 부족하여 발생하는 빈곤
- 가족의 생계를 위해 학교에 못 가고 일하는 어린이

해결하기 위한 노력

- 교육 활동, 캠페인 등을 함.
- 모금 활동, 구호 활동 등을 함.
- 교육을 받을 수 있도록 도와줌.
- 농업 기술을 지원하여 가뭄에 강한 작물을 키울 수 있도록 함.

☑ 빈곤과 기아 문제 해결을 위해 **모금 활동**, ❶(전쟁 / 구호) **활동, 농업 기술 지원** 등을 하고 있습니다.

2 문화적 편견과 차별을 없애기 위한 노력은 무엇일까?

제가 즐겨 먹는 전통 음식을 사람들이 함부로 평가할 때가 있어요.

친구들이 제가 믿는 종교가 무섭다고 해요.

자신의 문화를 기준으로 함부로 판단해서는 안 돼.

그래서 지구촌의 다양한 문화를 배우고 체험할 수 있는 여러 행사를 열기도 해요.

또한 편견과 차별을 극복하고 다양성을 존중하는 교육 활동을 하기도 하지요.

☑ 문화적 편견과 차별을 해결하기 위해 **다양한 문화를 알고, 다양성을** ❷(무시 / 존중)해야 합니다.

3 세계 시민으로서 우리가 할 수 있는 일은 무엇일까?

지속 가능한 미래를 위해 생활 속에서 할 수 있는 일은 무엇인지 생각해 보고, 하루 동안 '세계 시민으로서 생활하기'를 직접 실천하는 모습이야.

필요한 만큼만
물을 사용해야지.

편견과 차별
그만!
서로 다른 문화
함께 존중해요!

장바구니에
담아 갈게요.

요즘 잘 안 입는 이 옷은
재활용할 수 있는 곳에
기증하면 좋겠는데.

지구촌은 우리의 터전이며 미래 세대도 살아가야 하는 곳이기 때문에 **세계 시민**의 자세가 필요함.

우리는 세계 시민으로서 지구촌 문제 해결을 위해 노력하고, ❸(작은 / 큰) 일부터 실천해야 합니다.

정답 ❶ 구호 ❷ 존중 ❸ 작은

개념 체크

정답과 풀이 14쪽

1 영양 부족으로 발육이 부진한 어린이는 [ ][ ]을/를 겪고 있습니다.

2 빈곤과 기아 문제를 해결하기 위해 [ ][ ] 활동을 합니다.

3 지속 가능한 미래를 위해 지구촌 문제를 해결하고자 노력하는 사람은 [ ][ ] 시민입니다.

보기
- 기아
- 비만
- 차별
- 모금
- 고장
- 세계

4일 개념 확인하기

정답과 풀이 14쪽

빠른 정답 보기

1 다음 그림의 어린이가 겪고 있는 어려움은 어느 것입니까? (　　　)

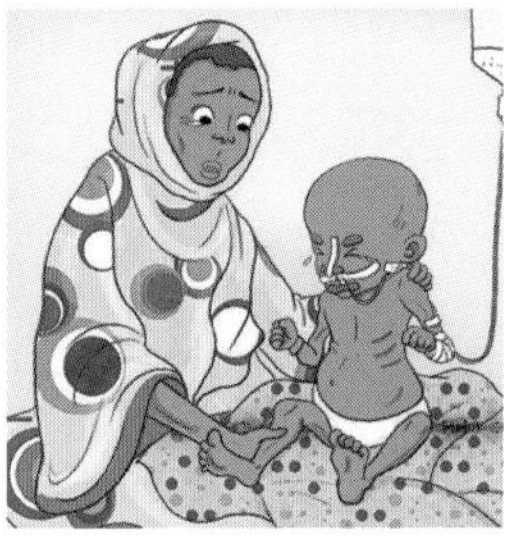

① 돈을 벌고 있다.
② 학교에 가고 있다.
③ 추운 환경에서 살고 있다.
④ 살이 쪄서 건강이 나빠졌다.
⑤ 영양을 제대로 공급받지 못하고 있다.

2 다음 보기에서 빈곤의 원인으로 알맞은 것을 찾아 기호를 쓰시오.

보기
㉠ 도시의 발전　　㉡ 줄어드는 인구
㉢ 계속되는 가뭄　　㉣ 환경 문제의 해결

(　　　　　　)

3 지구촌 사람들이 다른 나라에 가서 다음과 같은 활동을 하는 까닭은 어느 것입니까? (　　　)

① 기아 인구를 늘리기 위해서
② 식량 생산을 줄이기 위해서
③ 아이들의 고통을 공감하지 못해서
④ 아이들이 교육을 받게 하기 위해서
⑤ 아이들이 학교에 가지 않게 하기 위해서

4 문화적 편견을 갖고 있는 사람은 누구인지 쓰시오.

누리 : 다른 나라의 다양한 문화를 체험하고 배우는 기회를 갖고 싶어요.
나영 : 친구가 믿고 있는 종교가 너무 무서워서 친구를 멀리하게 됐어요.
효진 : 다른 나라의 전통 음식을 잘 모른다고 해서 함부로 평가하면 안 돼요.

( )

5 다음에서 설명하는 사람은 누구입니까? ( )

• 지구촌 문제가 우리의 문제임을 아는 사람
• 지구촌 문제를 해결하고자 협력하는 자세를 지닌 사람

① 난민
② 장애인
③ 어린이
④ 선생님
⑤ 세계 시민

똑똑한 하루 퀴즈

6 세계 시민으로서 생활하기를 바르게 실천하지 않은 경우를 찾아 기호를 쓰세요.

세수할 때에는 물을 되도록 많이 써야지!
㉠
친구들과 함께 문화 존중 캠페인에 참여했어.
㉡
차별 없는 세상
요즘 잘 안 입는 옷은 재활용할 수 있는 곳에 기증할 거야.
㉢
물건을 비닐봉지에 담지 않았어.
㉣

( )

1 지구촌 갈등

지구촌 갈등 문제를 해결하려면 여러 사람이 함께 노력해야 해.

① 사례

시리아 내전	독재 정치와 종교 문제로 내전이 계속되고 있음.
이스라엘과 팔레스타인의 갈등	영토 문제와 종교 분쟁 등으로 1948년 이후 지금까지 갈등이 계속되고 있음.
나이지리아 내전	언어, 민족, 종교가 서로 다른 250여 개의 종족들이 서로 협력하지 못하고 있음.
메콩강 유역 갈등	메콩강 상류에 중국이 거대한 댐을 건설해 다른 나라와 갈등을 빚고 있음.

② 원인과 영향

원인	영토, 자원, 종교, 언어, 인종, 민족, 역사, 정치 등의 다양한 원인이 복합적으로 얽혀 있음.
영향	나라들이 서로 밀접하게 연결되어 있기 때문에 내전이나 일부 지역의 충돌이 지구촌 전체에 영향을 미치기도 함.

2 지구촌 갈등 해결을 위한 노력

우리나라도 지구촌 갈등을 해결하려고 다양한 활동을 하고 있어.

① 국제 연합(UN)

하는 일	지구촌의 평화 유지, 전쟁 방지, 국제 협력 활동을 하는 단체로, 지구촌 갈등을 해결하려고 노력하고 있음.
산하 전문 기구	국제 노동 기구(ILO), 유엔 난민 기구(UNHCR), 유네스코(UNESCO), 국제 원자력 기구(IAEA) 등

▲ 유엔기

② 비정부 기구(NGO)

국경 없는 의사회

의료 지원을 함.

그린피스

너와 나를 위한
Green peace 그린피스
100% 재생가능 에너지

자연 보호 운동 등을 함.

세이브 더 칠드런

Save the Children
Save the Children
신생아살리기 모자뜨기캠페인

아동의 보호를 도움.

3 지속 가능한 지구촌

지속 가능한 미래를 위해 우리는 환경을 지켜야 해.

① 다양한 환경 문제

열대 우림 파괴	경제 개발을 하는 과정에서 열대 우림이 파괴되고 있음.
산호 백화 현상	바다 온도의 급격한 상승, 오염 등으로 인해 산호가 죽어가고 있음.
플라스틱 쓰레기	썩지 않는 플라스틱 쓰레기 때문에 해양 동물들이 고통받고 있음.

② 환경 문제를 해결하기 위한 방법

개인

자원재활용법에 따라 매장 내
1회용 컵(플라스틱 컵) 사용이
금지되어 있습니다.

일회용품을 줄이고, 친환경 제품 사용하기

국가

Nations Unies
Conférence sur les Changements Climatiques
Paris, France

온실가스의 배출을 줄이는 파리 기후 협정 맺기

세계

EARTH HOUR

지구촌 전등 끄기 캠페인 개최하고 참여하기

4주

Talk Talk

100%

요즘 환경 문제가 정말 심각한 것 같아.

맞아, 그래서 환경 문제를 해결하기 위해 내가 실천할 수 있는 일을 찾아보고 있어.

그래? 어떤 게 있는데?

가까운 곳에 갈 때에는 걸어가려고 해. 그리고 다음 주에는 가족과 함께 환경 캠페인에 참여할 거야.

생각보다 어렵지 않네. 나도 같이 실천해 봐야겠다.

1일 지구촌 갈등의 원인과 문제점

1 다음과 같은 갈등을 겪고 있는 두 지역은 어디입니까? (　　　　)

- 지구촌의 대표적인 갈등 지역입니다.
- 서로 다른 종교인 유대교와 이슬람교를 믿고 있습니다.
- 하나의 지역을 서로 자기 땅이라고 주장하고 있습니다.

① 남한과 북한
② 일본과 미국
③ 영국과 프랑스
④ 중국과 러시아
⑤ 이스라엘과 팔레스타인

2 나이지리아에 다음과 같은 언어와 민족 구분이 나타나서 발생하는 일은 어느 것입니까? (　　　　)

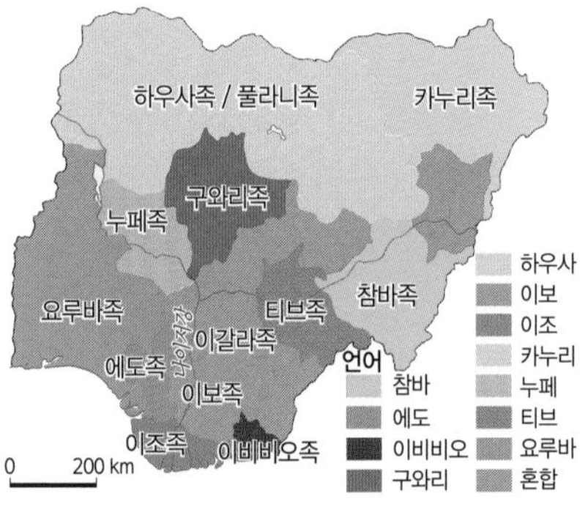
하우사족 / 풀라니족
카누리족
구와리족
누페족
요루바족
티브족
참바족
이갈라족
에도족
이보족
이조족
이비비오족
0
200 km
언어
참바
에도
이비비오
구와리
하우사
이보
이조
카누리
누페
티브
요루바
혼합
▲ 나이지리아의 언어와 민족

① 자원이 늘어나고 있다.
② 나라가 안정되고 있다.
③ 경제가 발전하고 있다.
④ 하나의 민족만 남게 되었다.
⑤ 서로 협력하지 못하고 있다.

서술형

3 다음 규민이의 질문에 대한 이모의 대답을 밑줄 친 부분에 쓰시오.

규민 : 한 나라 안에서 일어난 문제가 지구촌 전체의 문제가 될 수 있나요?

이모 : ____

____

빠른 정답 보기

정답과 풀이 14쪽

2일 지구촌 갈등 해결을 위한 노력

4 다음에서 설명하는 국제기구는 어디입니까? (   )

> 지구촌의 평화 유지, 전쟁 방지, 국제 협력 활동을 하는 국제기구로, 다양한 전문 기구들이 설립되어 있습니다.

① 국제 연합
② 국제 통화 기금
③ 세계 무역 기구
④ 세계 보건 기구
⑤ 지뢰 금지 국제 운동 단체

5 다음과 같은 일을 한 사람은 누구입니까? (   )

나는 남수단에서 의료 봉사와 교육에 헌신했어요.

① 간디
② 이태석 신부
③ 정약용
④ 테레사 수녀
⑤ 마틴 루서 킹

6 다음 비정부 기구와 관련 있는 활동을 바르게 줄로 이으시오.

(1) 그린피스 •

(2) 세이브 더 칠드런 •

• ㉠

너와 나를 위한
Green peace 그린피스
100% 재생가능 에너지
▲ 환경 캠페인

• ㉡

Save the Children
Save the Children
신생아살리기 모자뜨기캠페인
▲ 아동 보호

4주

3일 지구촌 환경 문제

7 다음 사진을 참고하여 (   ) 안의 알맞은 말에 ○표를 하시오.

▲ 열대 우림 파괴

▲ 산호 백화 현상

▲ 초미세 먼지 증가

위 사진과 같은 현상은 지구촌에서 발생하고 있는 (환경 / 갈등) 문제입니다.

8 환경 문제를 해결하려는 노력을 하지 않은 어린이를 쓰시오.

예림 : 환경 캠페인에 참여했어요.
은우 : 일회용품을 되도록 많이 썼어요.
정환 : 에너지를 절약하기 위해 쓰지 않는 전기는 꺼 두었어요.

(   )

9 환경 문제를 해결하기 위한 노력을 읽고, (   ) 안의 알맞은 말에 ○표를 하시오.

환경 문제를 해결하기 위해 (기업 / 학교)은/는 친환경 제품을 생산하는 데 힘쓰고 있습니다.

10 파리 기후 협정에서 줄이기로 한 것은 어느 것입니까? (   )

① 출생아
② 열대 우림
③ 온실가스
④ 노인 인구
⑤ 친환경 숟가락

4일 지속 가능한 미래를 위한 노력

11 다음과 같이 지구촌 곳곳에서 어린이가 학교에 못 가고 일을 해야 하는 까닭은 어느 것입니까? (   )

① 돈이 많아서
② 먹을 것이 풍족해서
③ 인구를 늘리기 위해서
④ 환경을 보호하기 위해서
⑤ 빈곤에 시달리고 있어서

12 다음 보기에서 문화적 편견과 차별을 해결하고자 하는 노력을 찾아 기호를 쓰시오.

보기
㉠ 우리의 전통문화만 강조하는 교육을 합니다.
㉡ 지구촌의 다양한 문화를 체험할 수 있게 합니다.
㉢ 다른 문화는 우리 문화보다 훨씬 수준이 낮다는 캠페인을 합니다.

(   )

똑똑한 하루 퀴즈

13 다음에서 설명하는 낱말을 말 상자에서 찾아 모두 ○표를 하세요. 말 상자의 낱말은 가로, 세로, 대각선에 숨어 있어요.

☆	가	맹	문	☆
민	연	합	수	☆
산	호	백	화	장
☆	내	나	경	기
주	의	전	라	아

1. 한 나라 안에서 일어나는 전쟁
2. 국제 □□은 UN이라고 부르기도 함.
3. 산호가 하얗게 변하며 죽어가는 현상
4. 먹을 것이 없어서 굶주리는 것

4주 누구나 100점 TEST

맞은 개수 /10개

1 다음에서 설명하는 사람은 누구입니까? (　　　)

> 전쟁이나 재해 등으로 자기 나라를 떠나 머물 곳을 찾아 헤매는 사람

① 국민　② 난민
③ 노인　④ 관광객
⑤ 세계 시민

2 다음과 같은 갈등을 겪고 있는 나라는 어디입니까? (　　　)

> 1960년에 영국으로부터 독립했으나, 언어, 민족, 종교가 서로 다른 250여 개의 종족들이 서로 협력하지 못하여 전쟁이 여러 번 발생했습니다.

① 일본　② 독일
③ 베트남　④ 시리아
⑤ 나이지리아

3 메콩강 유역 갈등의 원인은 어느 것입니까? (　　　)

① 종교　② 언어
③ 물 자원　④ 석유 자원
⑤ 독재 정치

4 다음에서 설명하고 있는 국제 연합(UN) 산하 전문 기구의 상징은 어느 것입니까? (　　　)

> 전쟁 등으로 살 곳을 잃은 난민들을 돕고 있습니다.

①　②
③　④

5 다음 보기 에서 말랄라 유사프자이와 관련 있는 것을 찾아 기호를 쓰시오.

> 보기
> ㉠ 한국의 슈바이처
> ㉡ 파키스탄의 운동가
> ㉢ 미국의 사회 운동가
> ㉣ 인도인 차별 문제 해결 노력

(　　　)

6 다음 중 해비타트가 하는 활동을 찾아 ○표를 하시오.

(1)
▲ 집 짓기

(　　　　　)

(2)
Save the
Children
▲ 어린이 인권 보호하기

(　　　　　)

7 다음 신문 기사와 같은 일이 발생하고 있는 까닭은 어느 것입니까? (　　　　)

○○신문 　　20△△년 △△월 △△일

사라지는 산호초

전 세계 바다 곳곳에서 산호가 하얗게 변하며 죽어가고 있다.

① 산호초가 너무 많아져서
② 인구가 줄어들고 있어서
③ 경제 개발을 하지 않고 있어서
④ 바다의 환경이 오염되고 있어서
⑤ 바다의 온도가 낮아지고 있어서

8 지구촌 환경 문제 해결에 대한 노력을 읽고, (　　) 안의 알맞은 말에 ○표를 하시오.

기후 변화 문제의 심각성을 알리고 이에 적극적으로 대응하고자 (세계 자연 기금 / 국제 앰네스티)은/는 지구촌 전등 끄기 캠페인 활동을 개최하고 있습니다.

9 기아에 대해 설명하고 있는 친구를 찾아 기호를 쓰시오.

㉠
가난해 생활하는 것이 어려운 상태야.
㉡
먹을 것이 없어 굶주리는 것을 뜻해.

(　　　　　　)

10 세계 시민의 뜻을 바르게 말한 어린이를 쓰시오.

우경 : 지구촌 문제에 관심이 없는 사람이에요.
해민 : 지구촌 문제를 함께 해결하고자 노력하는 사람이에요.
주훈 : 공공의 이익보다 자신의 이익을 가장 중요하게 생각하는 사람이에요.

(　　　　　　)

4주

4주 특강

창의·융합·코딩

생활 속 사회

다음 플래시의 설명을 읽고, 환경을 보호하기 위한 노력을 살펴봅니다.

환경을 생각하는 소비

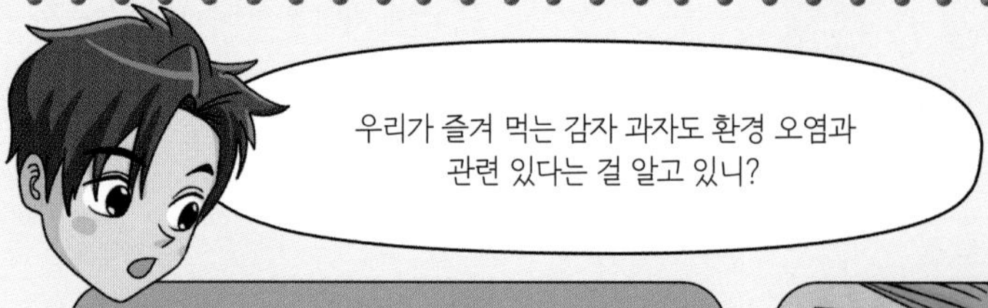
우리가 즐겨 먹는 감자 과자도 환경 오염과 관련 있다는 걸 알고 있니?

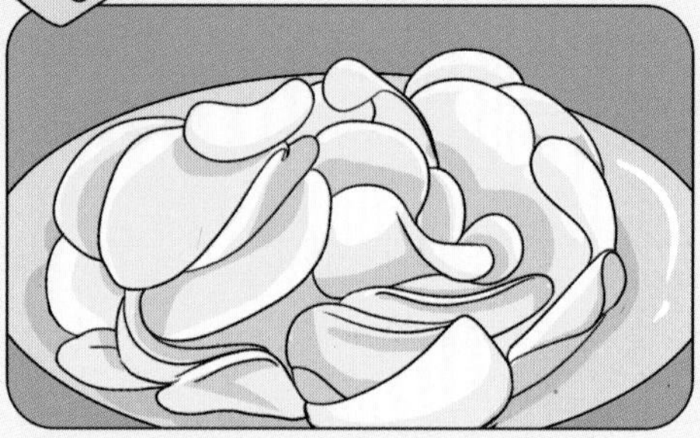

평소에 쉽게 살 수 있는 감자 과자

감자 과자 생산에 필요한 팜유

많은 양의 팜유를 생산하기 위해 열대 삼림과 초원 파괴

열대의 삼림과 초원이 줄어들어 살기 어려워진 동물들

냠 냠
감자 과자를 만드는 데 쓰인 팜유가 동물들에게 이런 영향을 준다는 것을 몰랐어요.
근데 하필 먹고 있을 때 그런 얘기를…….
그럼 앞으로 깊게 생각하고 소비하는 습관을 기르도록 해 볼까?

1 다음은 팜유와 관련 있는 신문 기사예요.

○○신문 20△△년 △△월 △△일

팜유와 맞바꾼 열대 우림

팜유는 싸고 질 좋은 식물성 기름을 우리에게 제공했다. 우리의 식탁은 풍성해졌지만 인도네시아 주민들은 많은 어려움을 겪고 있다. 물 부족과 환경 오염은 팜유 농장 주변 주민들에게 나타난 큰 문제 상황이다.

팜유 농장이 커지는 만큼 열대 우림은 급격하게 줄어들고 있다. '아시아의 허파'로 불리는 인도네시아 열대 우림은 팜유 농장이 커지면서 해마다 면적이 줄고 있다.

그린피스 인도네시아 지부에 따르면 열대 우림이 훼손되면서 야생 동물들도 살 터전을 잃었다. 호랑이, 오랑우탄, 수마트라 코끼리 등 멸종 위기의 동물들이 빠른 속도로 사라지고 있다.

(1) 팜유를 이용해서 만든 물건을 한 가지만 쓰세요.

( )

(2) 팜유와 관련된 내용을 바르게 말하고 있는 것은 누구인지 쓰세요.

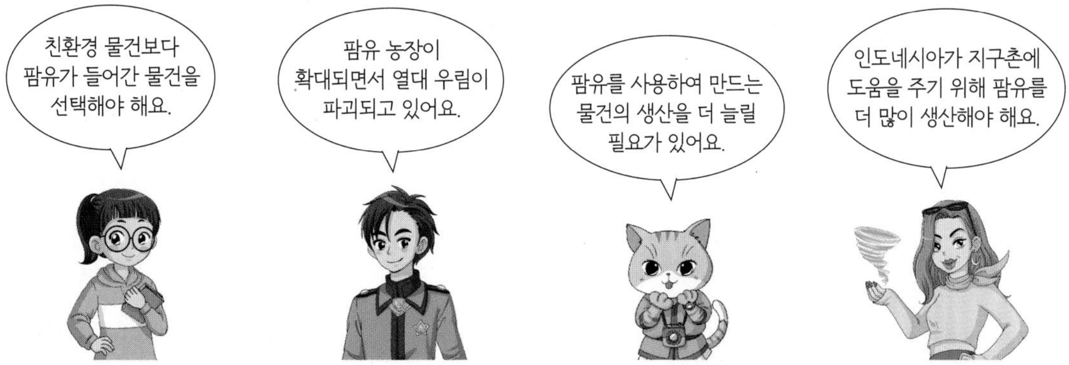
친환경 물건보다 팜유가 들어간 물건을 선택해야 해요.
팜유 농장이 확대되면서 열대 우림이 파괴되고 있어요.
팜유를 사용하여 만드는 물건의 생산을 더 늘릴 필요가 있어요.
인도네시아가 지구촌에 도움을 주기 위해 팜유를 더 많이 생산해야 해요.

▲ 예홍주 ▲ 플래시 ▲ 퀵 ▲ 스톰

( )

사고 쑥쑥

지속 가능한 미래를 위해 우리가 갖춰야 할 태도를 알아봅니다.

2 친구와 함께 갈림길에서 ○× 퀴즈를 풀어 길을 찾아보세요.

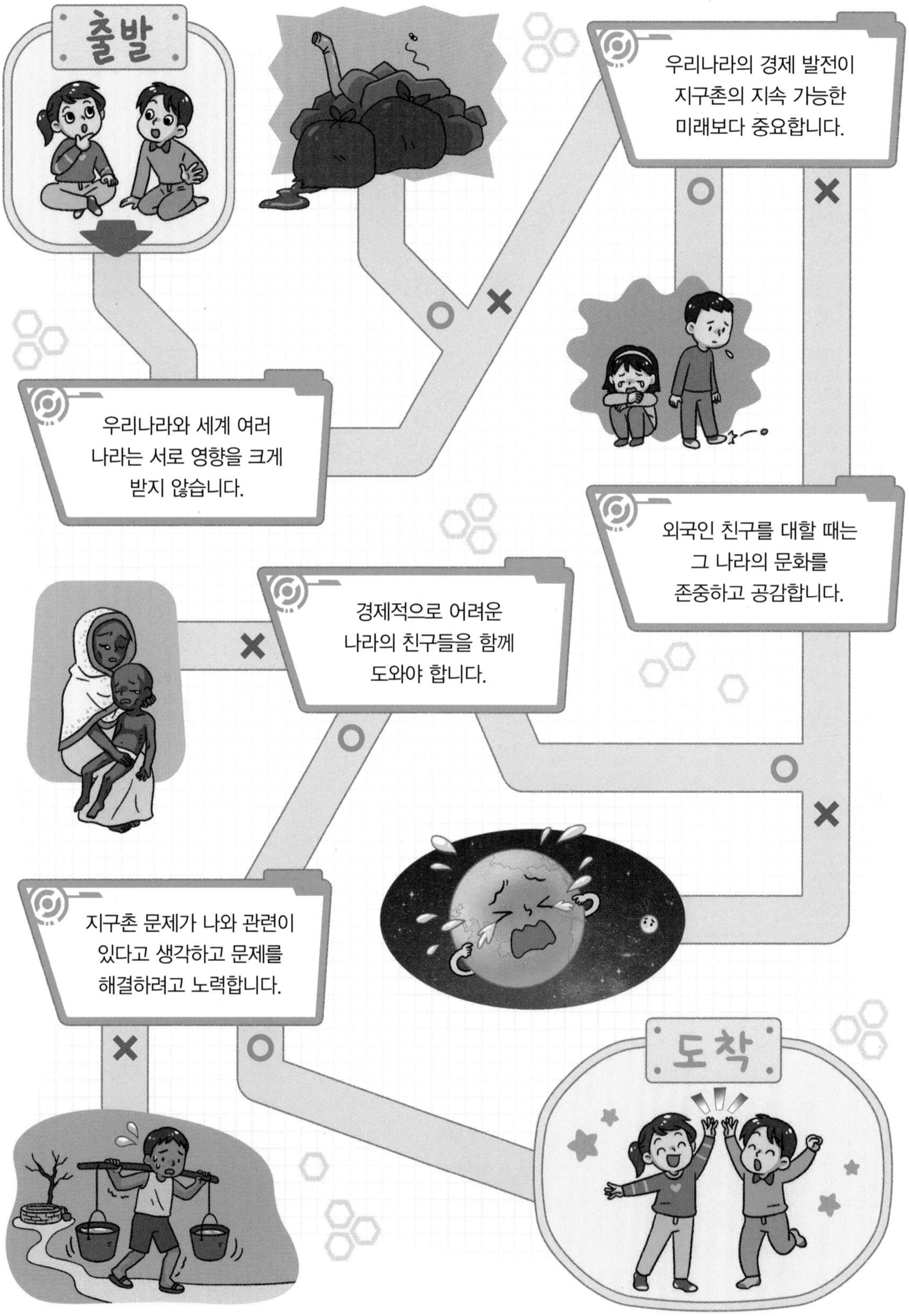
출발
우리나라와 세계 여러 나라는 서로 영향을 크게 받지 않습니다.
○
×
우리나라의 경제 발전이 지구촌의 지속 가능한 미래보다 중요합니다.
○
×
외국인 친구를 대할 때는 그 나라의 문화를 존중하고 공감합니다.
○
×
경제적으로 어려운 나라의 친구들을 함께 도와야 합니다.
×
○
지구촌 문제가 나와 관련이 있다고 생각하고 문제를 해결하려고 노력합니다.
×
○
도착

지구촌 문제를 해결하기 위한 다양한 노력을 알아봅니다.

3 다음은 지구촌 문제를 해결하려는 노력을 뉴스로 구성한 것이에요.

우리나라 국민 한 명이 일 년 동안 쓰는 비닐봉지의 양은 독일의 여섯 배, 핀란드의 백 배가 된다고 합니다. 이러한 문제 상황을 해결하고자 대형 할인점, 제과점, 슈퍼마켓 등에서 일회용 비닐봉지 사용이 금지되었습니다.
420
70
4
기준: 1년
단위: 장
한국
독일
핀란드
1인당 비닐봉지 사용량

우리나라, 중국, 러시아, 일본 등 4개국의 대표와 연구 기관, 비정부 기구 회원들이 모여 해양 쓰레기 대처 방안 등을 논의했습니다.
해양 쓰레기 공동 회의

(1) 위와 같은 노력을 하는 것은 지구촌의 어떤 문제를 해결하기 위한 것인지 아래 글자 칸에서 찾아 두 글자로 쓰세요.

인	환	빈	구	곤	편	경	견

( ) 문제

(2) 위 (1)번 답과 같은 문제를 해결하기 위해 내가 할 수 있는 일을 찾아 기호를 쓰세요.

㉠

음료수는 일회용 컵에 마셔야 맛있지.

㉡

가까운 거리도 차를 타야지.

㉢

쓰레기를 잘 분리해서 버려야지.
종이
캔

( )

4주 특강 논리 탄탄

지속 가능한 미래를 위해 어떤 자세를 가져야 하는지 알아봅니다.

4 암호 해독표를 보고, 다음 만화 속 암호를 풀어 보세요.

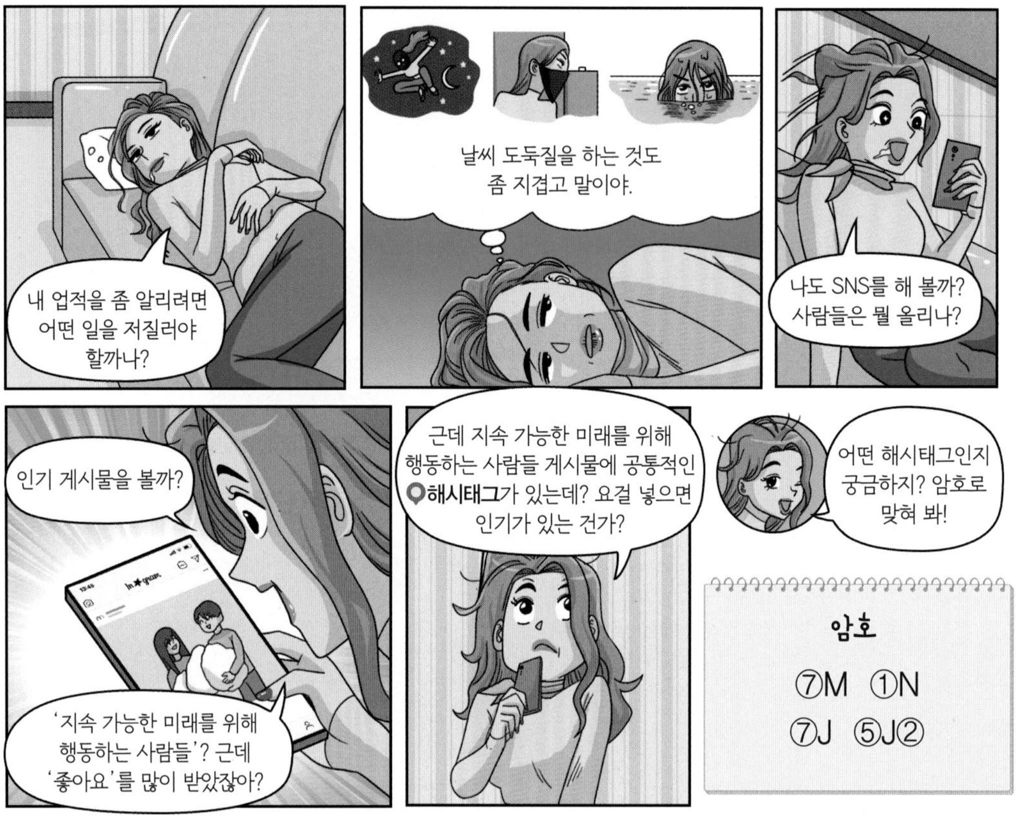

내 업적을 좀 알리려면 어떤 일을 저질러야 할까나?
날씨 도둑질을 하는 것도 좀 지겹고 말이야.
나도 SNS를 해 볼까? 사람들은 뭘 올리나?
인기 게시물을 볼까?
'지속 가능한 미래를 위해 행동하는 사람들'? 근데 '좋아요'를 많이 받았잖아?
근데 지속 가능한 미래를 위해 행동하는 사람들 게시물에 공통적인 해시태그가 있는데? 요걸 넣으면 인기가 있는 건가?
어떤 해시태그인지 궁금하지? 암호로 맞혀 봐!
암호
⑦M ①N
⑦J ⑤J②

해시태그 : 단어나 여백 없는 구절 앞에 해시 기호 #을 붙이는 형태의 표시 방법

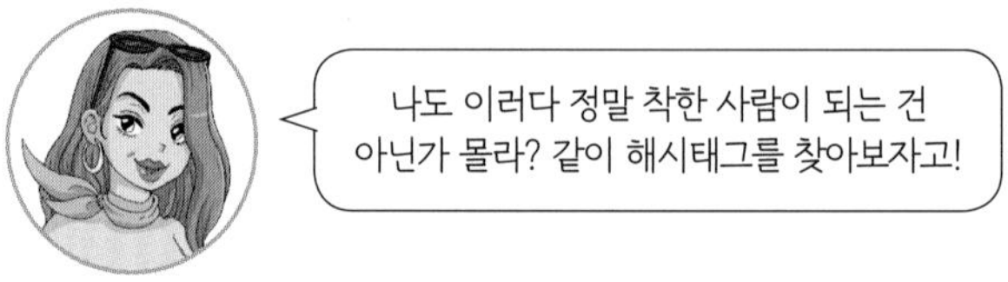

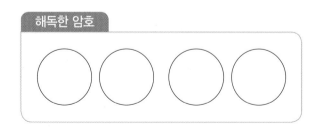

나도 이러다 정말 착한 사람이 되는 건 아닌가 몰라? 같이 해시태그를 찾아보자고!

암호 해독표

①	②	③	④	⑤	⑥	⑦	⑧	⑨	⑩	⑪	⑫	⑬	⑭
ㄱ	ㄴ	ㄷ	ㄹ	ㅁ	ㅂ	ㅅ	ㅇ	ㅈ	ㅊ	ㅋ	ㅌ	ㅍ	ㅎ

A	B	C	D	E	F	G	H	I	J	K	L	M	N
ㅏ	ㅑ	ㅓ	ㅕ	ㅗ	ㅛ	ㅜ	ㅠ	ㅡ	ㅣ	ㅐ	ㅒ	ㅔ	ㅖ

해독한 암호

지도를 살펴보고 빈곤과 기아 문제에 대해 알아봅니다.

5 다음 지도에 나타나는 문제를 해결하기 위한 노력을 찾아 이동하려고 해요. 자신이 있는 위치에서 이동해야 할 방향을 알맞게 말한 친구는 누구인지 쓰세요.

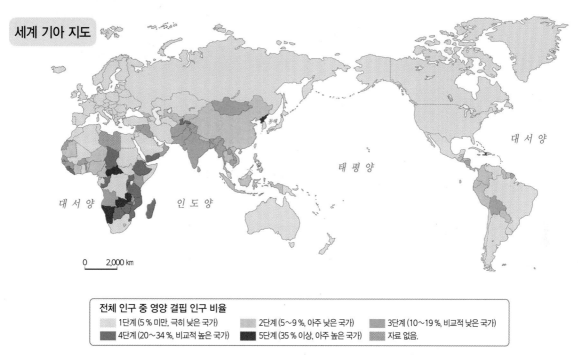

세계 기아 지도

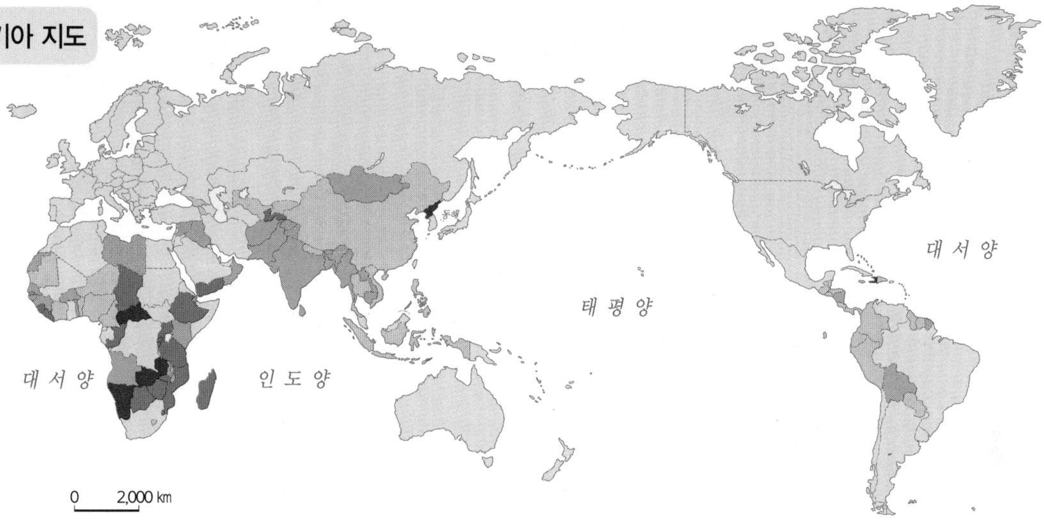

대 서 양
인 도 양
태 평 양
대 서 양
0 2,000 km

전체 인구 중 영양 결핍 인구 비율
- 1단계 (5 % 미만, 극히 낮은 국가)
- 2단계 (5~9 %, 아주 낮은 국가)
- 3단계 (10~19 %, 비교적 낮은 국가)
- 4단계 (20~34 %, 비교적 높은 국가)
- 5단계 (35 % 이상, 아주 높은 국가)
- 자료 없음.

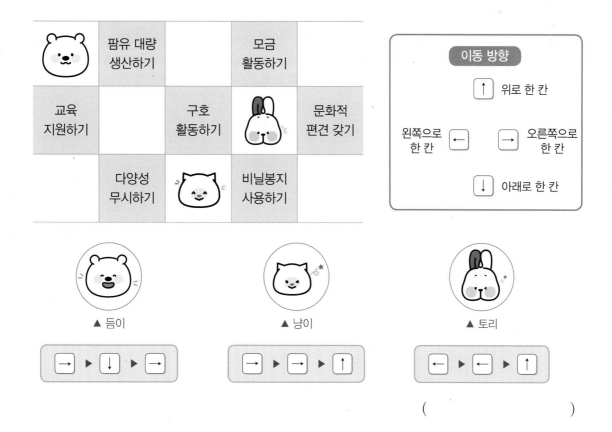

	팜유 대량 생산하기		모금 활동하기	
교육 지원하기		구호 활동하기		문화적 편견 갖기
	다양성 무시하기		비닐봉지 사용하기	

이동 방향
- ↑ 위로 한 칸
- ← 왼쪽으로 한 칸
- → 오른쪽으로 한 칸
- ↓ 아래로 한 칸

▲ 듬이

→ ▶ ↓ ▶ →

▲ 냥이

→ ▶ → ▶ ↑

▲ 토리

← ▶ ← ▶ ↑

(   )

똑똑한 하루 사회

용어 모음

1~4주 동안 공부한
사회 용어를
ㄱㄴㄷ 순서로 정리했어요!

ㄱ

갈등	칡과 등나무가 서로 얽히는 것과 같이, 개인이나 집단 사이에 목표나 이해관계가 달라 서로 적대시하거나 충돌함.	138쪽
개성 공단	남한의 자본과 기술력에 북한의 노동력을 결합한 남북 경제 협력 사업 중 하나	114쪽
건기	기후가 건조한 시기	24쪽
건조 기후	강수량이 증발량보다 적어 매우 건조한 기후	24쪽
게르	몽골의 초원 지역에서 유목 생활을 하는 사람들이 사는 이동식 천막집	25쪽
경공업	식료품, 섬유, 종이 등 비교적 가벼운 물건을 만드는 산업	72쪽
경선	지구의 남극과 북극을 세로로 잇는 가상의 선	12쪽
고산 기후	고도가 높은 곳에서 나타나는 기후	24쪽
고상 가옥	열대 기후가 나타나는 지역에서 볼 수 있는 집 형태로, 나무 기둥을 세워 바닥이 땅에서 떨어지게 집을 지음.	54쪽
고원	평야에 비하여 높은 지대에 펼쳐진 넓은 벌판	60쪽
괭이갈매기	갈매깃과의 물새로, 독도에 집단 번식을 하고 있음.	97쪽
교류	서로 다른 개인, 지역, 나라 사이에서 물건이나 문화, 사상 등을 서로 주고받는 것	66쪽
구호 활동	재해나 재난 따위로 어려움에 처한 사람을 도와 보호하는 활동	156쪽
국방비	국가가 외국의 침략에 대비 태세를 갖추고 국토를 방위하는 데에 쓰는 비용	108쪽
국제 연합(UN)	제2차 세계 대전 이후 설립한 단체로, 지구촌의 평화 유지, 전쟁 방지, 국제 협력 활동을 하는 국제기구	144쪽
국제기구	어떤 국제적인 목적이나 활동을 위해서 두 나라 이상의 회원국으로 구성된 조직체	144쪽
그린피스	지구 환경과 평화를 지키고자 다양한 방법으로 핵 실험 반대, 자연 보호 운동을 하는 단체	145쪽
극지방	남극과 북극을 중심으로 한 그 주변 지역	24쪽
기아	먹을 것이 없어 굶주리는 것	156쪽

ㄴ

난민	전쟁이나 재해 등으로 자기 나라를 떠나 머물 곳을 찾아 헤매는 사람	138쪽
남극해	남극 대륙을 둘러싸고 있는 바다	18쪽
남북 분단	6·25 전쟁 후 우리나라가 남과 북으로 갈라짐.	108쪽
남북 정상 회담	남과 북을 대표하는 최고 지도자들이 만나 화해와 협력에 대해 논의한 회담	114쪽
남북통일	남한과 북한으로 갈려 있는 우리 국토와 우리 겨레가 하나로 되는 일	109쪽
내전	한 나라 안에서 일어나는 전쟁	138쪽
내한	외국인이 한국에 오는 것	67쪽
냉대 기후	북반구의 온대와 한대 사이에 발달하는 기후	24쪽

ㄷ

다산 과학 기지	2002년에 북극의 환경과 자원을 연구하려고 북극 지방에 세운 대한민국의 과학 기지	**31쪽**
대륙	바다로 둘러싸인 큰 땅덩어리 예 세계에서 가장 큰 섬인 그린란드보다 면적이 넓으면 대륙이라고 한다.	**18쪽**
대서양	아프리카, 유럽, 아메리카 등에 둘러싸여 있는, 지구상에서 두 번째로 넓은 바다	**18쪽**
대양	세계의 해양 가운데 특히 넓고 큰 바다	**18쪽**
독도	우리나라의 동쪽 끝에 있는 섬으로, 동도와 서도인 두 개의 큰 섬과 크고 작은 바위섬으로 이루어져 있음.	**96쪽**
독도 경비대원	1996년에 경상북도 경찰청 소속으로 만들어졌으며, 24시간 독도를 지키고 있음.	**102쪽**
디지털 영상 지도	위성 영상이나 항공 사진 등을 바탕으로 스마트폰, 컴퓨터 등 다양한 기기에서 이용할 수 있도록 디지털 정보로 표현된 지도	**13쪽**

ㅂ

바티칸 시국	이탈리아의 로마 시 안에 있는, 세계에서 가장 작은 독립국	**19쪽**
반크	1999년 설립된 사이버 외교 사절단으로, 인터넷에서 우리나라와 관련된 잘못된 사실을 바로잡는 데 노력하고 있음.	**103쪽**
본초 자오선	지구의 경도를 결정하는 데 기준이 되는 선으로, 영국의 그리니치 천문대를 지나는 선으로 정함.	**12쪽**
북극해	북극 주변에 있으며 아시아, 유럽, 북아메리카에 둘러싸여 있는 바다	**18쪽**
빈곤	가난해 생활하는 것이 어려운 상태	**156쪽**

ㅅ

사리	길고 넓은 천 한 장으로 만들어진 인도 여성의 전통 복장	**54쪽**
사막	비가 아주 적게 와서 땅이 메말라 식물이 거의 자라지 않으며, 모래나 돌로 덮여 있는 넓은 땅	**25쪽**
산악	다른 곳보다 높고 험준하게 솟은 산들	**60쪽**
산호 백화	환경 오염 등으로 인해 산호가 하얗게 변하며 죽어가는 현상	**150쪽**
세계 시민	지구촌 문제가 우리의 문제임을 알고 이를 해결하고자 협력하는 자세를 지닌 사람	**157쪽**
세계 지도	둥근 지구를 평면으로 나타낸 지도	**12쪽**
송유관	석유나 원유 등을 다른 곳으로 보내기 위해 설치한 관	**31쪽**
수입	다른 나라로부터 상품이나 기술 등을 국내로 사들이는 것	**61쪽**
수출	국내의 상품이나 기술 등을 외국으로 팔아 내보내는 것	**61쪽**
시리아	서아시아의 지중해 연안에 있는 공화국으로, 1946년에 프랑스로부터 독립했음.	**138쪽**
시에스타	에스파냐, 그리스 등에서 볼 수 있는 낮잠을 자는 풍습	**55쪽**

ㅇ

6·25 전쟁	1950년 6월 25일 새벽에 북한 공산군이 남한을 침략하여 일어난 전쟁	**108쪽**
안용복	조선 숙종 때 부산 동래에 살았던 사람으로, 독도를 지키기 위해 노력한 인물	**102쪽**
연 강수량	한 해 동안 일정한 지역에 비, 눈, 우박 등의 형태로 내린 물의 총량	**25쪽**
연안	강이나 호수, 바다를 따라 잇닿아 있는 육지	**61쪽**
열대 기후	일 년 내내 매우 덥고 비가 많이 오는 열대 지방의 기후	**24쪽**
오아시스	사막 가운데에 샘이 솟고 풀과 나무가 자라는 곳	**25쪽**
온대 기후	사계절의 변화가 뚜렷한 온대 지방의 기후	**24쪽**

온천	땅속에서 자연적으로 더운 물이 솟아오르는 샘	61쪽
우기	일 년 중 비가 많이 오는 시기	24쪽
우랄산맥	러시아 서부, 유럽과 아시아의 경계를 따라 남북으로 이어진 산맥	60쪽
울릉도	경상북도 울릉군에 속하는 화산섬으로, 독도에서 87.4 km 떨어져 있음.	96쪽
원유	땅속에서 뽑아낸, 정제하지 아니한 그대로의 기름	72쪽
위선	지구의 표면에 적도와 나란하게 가로로 그은 가상의 선	12쪽
유네스코	국제 연합 산하 전문 기구 중 하나로, 교육, 과학, 문화 분야 등에서 다양한 국제 교류를 하면서 국제 평화를 추구하고 있음.	144쪽
유목	한곳에 살지 않고 물과 풀밭을 찾아 옮겨 다니면서 가축을 기르는 일	25쪽
이산가족	남북 분단 등의 사정으로 이리저리 흩어져서 서로 소식을 모르는 가족	108쪽
인도양	아시아, 아프리카, 오세아니아 등에 인접해 있는 대양	18쪽

ㅈ

적도	지구의 자전축에 대해 직각으로 지구의 중심을 지나도록 자른 평면과 지표면이 만나는 선	12쪽
정상 회담	두 나라 이상의 최고 통치자가 모여서 하는 회담	67쪽
지구본	실제 지구의 모습을 아주 작게 줄인 모형	12쪽
지구 온난화	지구의 기온이 높아지는 현상	150쪽
지중해	유럽, 아시아, 아프리카 세 대륙에 둘러싸인 바다	30쪽
지진	땅이 지구 내부의 힘을 받아 흔들리고 갈라지는 현상	61쪽

ㅊ

초원	풀이 나 있는 들판	25쪽
친환경	자연환경을 오염하지 않고 자연 그대로의 환경과 잘 어울리는 일	151쪽
침엽수림	침엽수(잎이 바늘처럼 가늘고 뾰족한 나무)로 이루어진 숲	30쪽

ㅌ

탕건봉	봉우리의 모양이 옛날 관리가 갓 아래 받쳐 쓰던 탕건과 닮은 독도의 바위	97쪽
태평양	아시아, 오세아니아, 북아메리카, 남아메리카 대륙 사이에 있는 가장 큰 바다	18쪽

ㅍ

파리 기후 협정	지구 온난화의 원인이 되는 온실가스의 배출을 줄이기로 한 협정	151쪽
「팔도총도」	현존하는 우리나라 옛 지도 중 우산도(지금의 독도)가 표기된 가장 오래된 지도	96쪽
펄프	종이 등을 만들기 위해 나무 등의 섬유 식물에서 뽑아낸 재료	30쪽
평원	넓고 평평한 들판	60쪽

ㅎ

한대 기후	일 년 내내 평균 기온이 매우 낮은 기후로, 평균 기온이 가장 높은 달도 10 ℃보다 낮음.	24쪽
한류	우리나라의 대중문화 요소가 외국에서 유행하는 현상	73쪽
한반도기	통일 한국을 상징하는 한반도 지도 모양이 그려진 깃발	115쪽
협약	국가 간에 협의하여 조약을 맺음. 또는 그 조약	73쪽
화전 농업	밭을 만들기 위해 숲을 태우고 그 남은 재를 이용해 농작물을 기르는 농업 방식	24쪽
화훼	꽃이 피는 풀과 나무 또는 꽃이 없더라도 관상용이 되는 모든 식물을 통틀어 이르는 말	30쪽

기초 학습능력 강화 프로그램

매일 조금씩 **공부력 UP**

똑똑한 하루
독해&어휘

쉽다!

10분이면 하루치 공부를 마칠 수 있는
커리큘럼으로, 아이들이 쉽고 재미있게
독해&어휘에 접근할 수 있도록 구성

재미있다!

교과서는 물론 생활 속에서 쉽게
접할 수 있는 다양한 소재를 활용해
흥미로운 학습 유도

똑똑하다!

초등학생에게 꼭 필요한 상식과 함께
창의적 사고력 확장을 돕는
게임 형식의 구성으로 독해력&어휘력 학습

기초 학습능력 강화 프로그램
똑 똑 한
하루 독해
2 단계 A 1~2학년
쉽다! 어휘력 강화로 쉬운 독해 시작
재미있다! 다양한 소재로 재미있는 독해 공부
똑똑하다! 생활 속 독해와 창의·융합 독해 게임까지
천재교육

공부의 핵심은 독해!
예비초~초6 / 총 6단계, 12권

기초 학습능력 강화 프로그램
천재교육
똑 똑 한
하루 어휘
3 단계 2~3학년
쉽다! 일상 생활 속 주제로 쉬운 어휘 학습 시작
똑똑하다! 국어, 사회, 과학 과목별 어휘로 교과 개념까지
재미있다! 만화, 퀴즈, 마인드맵 다양한 방법으로 어휘 공부

독해의 시작은 어휘!
예비초~초6 / 총 6단계, 6권

똑 똑 한

하루

시/리/즈

쉽다!

10분이면 하루치 공부를 마칠 수 있는 커리큘럼으로,
아이들이 초등 학습에 쉽고 재미있게 접근할 수 있도록 구성하였습니다.

재미있다!

교과서는 물론 생활 속에서 쉽게 접할 수 있는 다양한 소재와
재미있는 게임 형식의 문제로 흥미로운 학습이 가능합니다.

똑똑하다!

초등학생에게 꼭 필요한 학습 지식 습득은 물론
창의력 확장까지 가능한 교재로 올바른 공부습관을 가지는 데 도움을 줍니다.

정답과 풀이

똑똑한

하루 사회

6-2

천재교육

정답과 풀이

1주 세계의 모습과 기후

1일 다양한 공간 표현물

13쪽 개념 체크

1 있습니다 **2** 불편 **3** 위치

14~15쪽 개념 확인하기

1 ㉠ 경선 ㉡ 위선 **2** ③ **3** ①, ③
4 ㉢

집중 연습 문제

5 ②
6 ㉢ ㉡

풀이

1 세계 지도와 지구본에는 위치를 쉽게 나타내기 위해 위선(가로선)과 경선(세로선)이 그려져 있습니다.

2 ③은 지구본에 대한 설명으로, 세계 지도를 활용하면 세계 여러 나라의 위치와 영역을 한눈에 살펴볼 수 있습니다.

3 지구본은 실제 지구의 모습을 아주 작게 줄인 모형으로 실제 지구처럼 생김새가 둥급니다.

왜 틀렸을까?
② 지구본은 가지고 다니기 불편합니다.
④ ㉠은 경도 0°의 선인 본초 자오선입니다.
⑤ ㉡은 위도 0°의 선인 적도입니다.

4 디지털 영상 지도를 이용하면 세계 지도나 지구본에서 찾기 어려운 다양한 정보를 얻을 수 있습니다.

5 디지털 영상 지도는 종이 지도와 달리 확대와 축소가 자유롭습니다.

6 자동차, 대중교통, 도보, 자전거의 경로를 찾을 때에는 ㉠을, 지도를 위성 사진으로 바꿀 때에는 ㉡을 이용합니다.

2일 대륙과 대양, 그리고 국가들

19쪽 개념 체크

1 남반구 **2** 북극해 **3** 러시아

20~21쪽 개념 확인하기

1 아시아 **2** ③ **3** ⑤ **4** ④
5 남북

똑똑한 하루 퀴즈

6 러시아

풀이

1 아시아는 우리나라가 속해 있는 대륙으로, 대륙 중에서 가장 크며 세계 육지 면적의 약 30 %를 차지합니다.

2 아프리카는 아시아 다음으로 큰 대륙이며, 유럽은 세 번째로 작은 대륙입니다.

3 태평양은 아시아, 오세아니아, 북아메리카, 남아메리카 대륙 사이에 있는 가장 큰 바다로 우리나라와 인접해 있습니다.

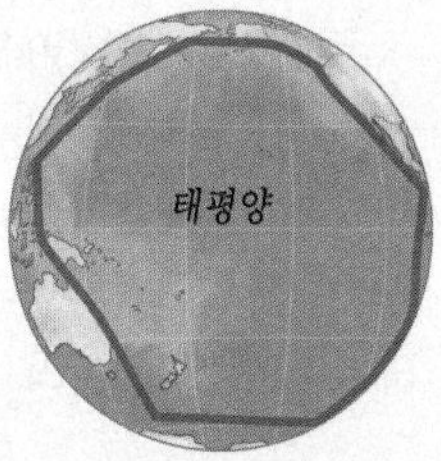

태평양

4 세계에서 영토의 면적이 가장 좁은 나라는 이탈리아 로마 시내에 있는 바티칸 시국입니다.

왜 틀렸을까?
① 인도는 세계에서 7번째로 넓습니다.
② 브라질은 세계에서 5번째로 넓습니다.
③ 대한민국은 세계에서 83번째로 넓습니다.
⑤ 오스트레일리아는 세계에서 6번째로 넓습니다.

5 영토의 모양이 남북으로 길게 뻗어 있는 나라에는 아르헨티나, 칠레, 노르웨이 등이 있습니다. 그리고 동서로 길게 뻗어 있는 나라는 러시아입니다.

6 세계에서 영토의 면적이 가장 넓은 나라는 러시아입니다.

3일 기후와 생활 모습 ❶

25쪽 개념 체크

1 적게 **2** 높고 **3** 강

26~27쪽 개념 확인하기

1 ㉠ 열대 ㉡ 한대 **2** (2) ○ **3** ①
4 ④, ⑤

집중 연습 문제

5 ㉡
- ㉠ ➡ 한대 기후
- ㉡ ➡ 열대 기후
- ㉢ ➡ 건조 기후

6 화전

풀이

1 열대 기후는 적도를 중심으로 한 저위도 지역에 널리 나타나고, 한대 기후는 고위도 지역에 주로 나타납니다.

2 (2)는 건조 기후 지역과 관련 있는 사진으로, 사막에서는 구하기 쉬운 진흙으로 집을 짓습니다.

3 제시된 설명과 관련 있는 건조 기후 지역은 연 강수량을 모두 합쳐도 500 mm가 채 안 될 정도로 비가 내리지 않으며, 강수량보다 증발량이 많습니다.

4 건조 기후는 주로 위도 20° 일대와 중앙아시아처럼 바다와 멀리 떨어진 곳에 나타납니다.

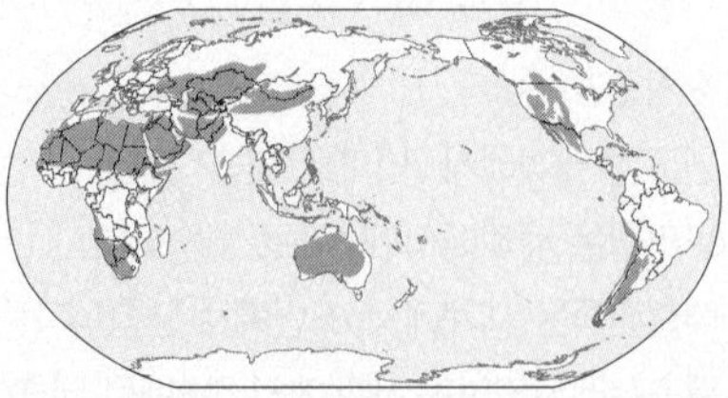

▲ 건조 기후의 분포

5 열대 기후는 가장 추운 달의 평균 기온이 18 ℃ 이상인 기후입니다.

6 밭을 만들기 위해 숲을 태우고 그 남은 재를 이용해 농작물을 기르는 농업 방식을 화전 농업이라고 합니다.

4일 기후와 생활 모습 ❷

31쪽 개념 체크

1 중위도 **2** 겨울 **3** 남극

32~33쪽 개념 확인하기

1 (1) ㉡ (2) ㉠ (3) ㉢ **2** ② **3** ④
4 ③ **5** 영리

똑똑한 하루 퀴즈

6

원	유	목	농
지	★	업	침
남	중	활	엽
북	극	해	수
정	착	★	림

❶ 지중해 ❷ 침엽수림 ❸ 유목

풀이

1 온대 기후는 사계절이 비교적 뚜렷한 기후로 중위도 지역에 주로 나타납니다.

2 온대 기후 지역에서는 일찍부터 다양한 농업이 발달했습니다. ②는 열대 기후 지역과 관련 있습니다.

3 냉대 기후 지역은 사계절이 나타납니다. 여름에는 밀, 감자, 옥수수 등을 재배할 수 있지만 겨울에는 농사를 짓기 어렵습니다.

4 한대 기후는 고위도 지역에 주로 나타납니다.

왜 틀렸을까?

①은 열대 기후, ②는 온대 기후, ④는 냉대 기후의 분포를 나타낸 지도입니다.

5 최근에는 한대 기후 지역의 자연환경을 연구하고자 여러 나라에서 연구소나 기지를 세워 극지방 연구에 힘을 쏟고 있습니다.

6 기후에 따라 생산 활동이 달라지고, 여러 가지 생활 방식도 달라집니다.

5일 1주 마무리하기

36~39쪽 마무리하기 문제

1 ㉡	2 ①, ③	3 ④	4 오세아니아
5 ⑤	6 ④	7 ③	8 ㉠, ㉢

9 예 물과 풀을 찾아 가축과 함께 이동하는 유목 생활을 하며 살아간다. 10 ② 11 ⑤

똑똑한 하루 퀴즈

12

독일	중국	영국
미국	인도	케냐
캐나다	프랑스	이집트
멕시코	대한민국	소말리아

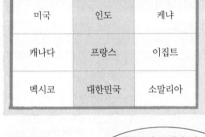

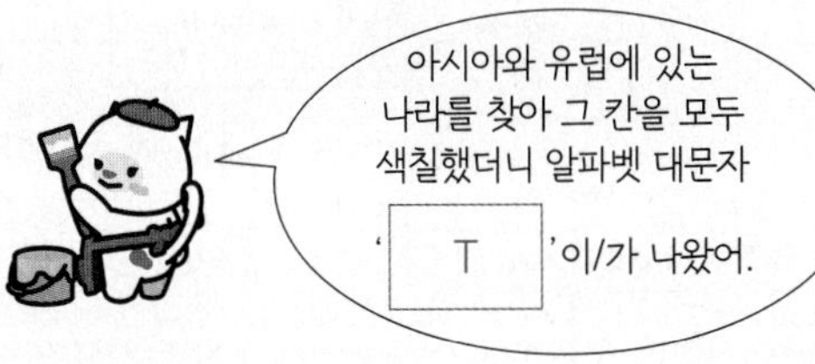
아시아와 유럽에 있는
나라를 찾아 그 칸을 모두
색칠했더니 알파벳 대문자
'T'이/가 나왔어.

풀이

1 ㉠은 본초 자오선이고, ㉡은 적도입니다.

2 ②와 ④는 디지털 영상 지도의 단점이고, ⑤는 세계 지도의 단점입니다.

3 디지털 영상 지도에서는 마우스 휠(스크롤 휠)로 지도를 확대, 축소할 수 있습니다.

4 적도를 경계로 지구를 둘로 나누었을 때의 남쪽 부분을 남반구라고 합니다.

5 태평양은 가장 큰 바다로, 북반구와 남반구에 걸쳐 있습니다.

6 우리나라 영토의 면적과 비슷한 나라로는 아시아 대륙의 라오스와 남아메리카 대륙의 가이아나가 있습니다.

7 적도는 태양과 거리가 가까워 같은 면적에 받는 태양의 열이 많습니다.

8 ㉡은 건조 기후 지역, ㉣은 한대 기후 지역과 관련 있는 설명입니다.

9 건조 기후 지역은 강수량이 적어 농업에 불리하기 때문에 전통적으로 유목이 발달했습니다.

인정 답안

밑줄 친 부분에 들어갈, 초원 지역에 사는 사람들의 생활 모습을 알맞게 썼으면 정답으로 인정합니다.

인정 답안의 예

낙타, 양, 염소 등의 가축을 몰고 물과 풀밭을 찾아 이동하는 유목 생활을 한다.

10 온대 기후 지역에서는 일찍부터 다양한 농업이 발달했습니다. 유럽에서는 주로 밀을 재배하며, 아시아에서는 벼농사를 짓습니다. 지중해 주변 지역에서는 올리브나 포도를 많이 재배합니다.

11 한대 기후 지역의 주민들은 여름에 얼음이 녹아 이끼나 풀이 자라는 땅에서 순록을 기르는 유목 생활을 하기도 합니다.

12 미국, 캐나다, 멕시코는 북아메리카 대륙에 속한 나라이고 케냐, 이집트, 소말리아는 아프리카 대륙에 속한 나라입니다.

1주 | TEST+특강

40~41쪽 누구나 100점 TEST

1 (1) ㉡ (2) ㉠	2 ㉡	3 ②	4 ①
5 ③	6 이준	7 ①	8 사막
9 ①	10 ④		

풀이

1 세계 지도는 둥근 지구를 평면으로 나타낸 것이고, 지구본은 실제 지구의 모습을 아주 작게 줄인 모형입니다.

2 디지털 영상 지도는 다양한 정보가 연결되어 있지만, 스마트폰이나 컴퓨터가 필요하고 인터넷을 연결해야 다양한 기능을 사용할 수 있습니다.

3 아시아는 세계 육지 면적의 약 30 %를 차지합니다.

4 대양은 큰 바다를 말합니다.

5 러시아는 세계에서 영토의 면적이 가장 넓은 나라로, 영토의 모양이 동서로 길게 뻗어 있습니다.

6 남극 대륙에서는 한대 기후가 나타납니다.

7 요즘 열대 기후 지역에서는 바나나, 기름야자, 커피 등을 대규모로 재배하고 있습니다.

8 사막에서는 오아시스나 비가 많이 내린 곳으로부터 흘러와 형성되는 강의 주변을 중심으로 마을이 형성되고 농업이 발달했습니다.

9 냉대 기후도 온대 기후와 마찬가지로 사계절이 나타나지만 온대 기후보다 겨울이 더 춥고 깁니다.

10 ④는 온대 기후 지역 중 지중해 주변 지역에 대한 설명입니다.

43쪽 생활 속 사회 융합

❶ (1)

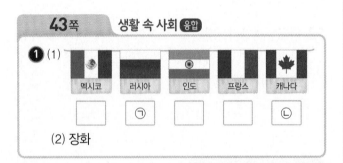

멕시코	러시아	인도	프랑스	캐나다
	㉠			㉡

(2) 장화

풀이

❶ (2) 세계에는 영토의 모양이 사물이나 동물의 모양과 비슷한 나라가 있습니다.

44~45쪽 사고 쑥쑥 창의

❷

❶유	럽		❷세	계	❸지	도	
목			종		구		
					본		
			❺아				
❹바	티	칸	시	국		❻대	륙
			아			서	
						양	

❸ 한대, 온대, 건조

풀이

❷ 세계 지도, 지구본 등의 공간 표현물, 대륙과 대양, 기후에 따른 생활 모습 등과 관련된 용어를 잘 기억해 두어야 합니다.

❸ 세계의 기후는 열대 기후, 건조 기후, 온대 기후, 냉대 기후, 한대 기후, 고산 기후 등으로 나눌 수 있습니다.

46~47쪽 논리 탄탄 코딩

❹ 대한민국의 수도에서 만나자

❺

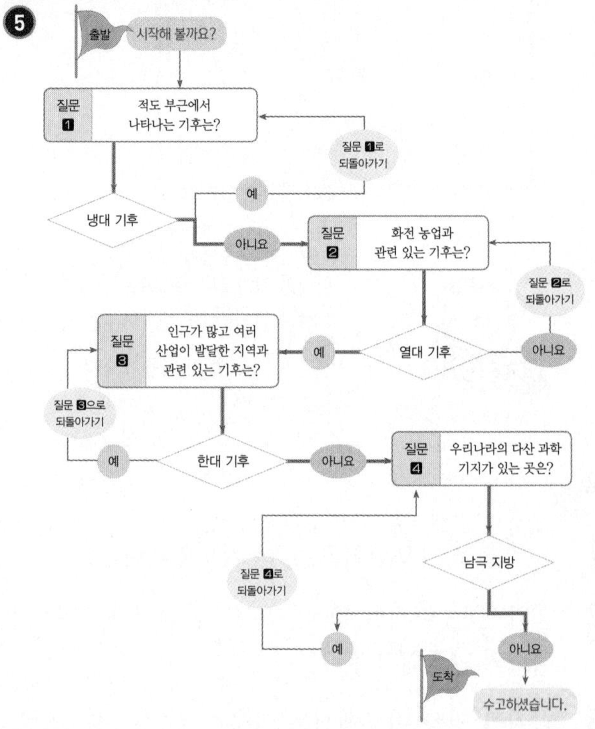
출발
시작해 볼까요?
질문 1
적도 부근에서 나타나는 기후는?
질문 1로 되돌아가기
예
냉대 기후
아니요
질문 2
화전 농업과 관련 있는 기후는?
질문 2로 되돌아가기
질문 3
인구가 많고 여러 산업이 발달한 지역과 관련 있는 기후는?
예
열대 기후
아니요
질문 3으로 되돌아가기
예
한대 기후
아니요
질문 4
우리나라의 다산 과학 기지가 있는 곳은?
남극 지방
질문 4로 되돌아가기
예
아니요
도착
수고하셨습니다.

풀이

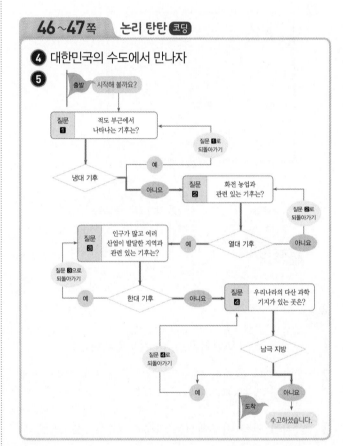

❹ ❶은 오세아니아, ❷는 북극해, ❸은 아프리카에 대한 설명입니다.

오	세	아	니	아	대	한	북
민	국	의	수	도	에	극	서
아	프	리	카	만	해	나	자

❺ 적도 부근에서는 열대 기후가 나타나며, 온대 기후 지역은 인구가 많고 여러 산업이 발달했습니다. 다산 과학 기지는 북극 지방에 있습니다.

2주 세계 여러 나라의 환경과 생활 모습

1일 환경과 생활 모습

55쪽 개념 체크

1 케밥　　2 힌두교　　3 이해

56~57쪽 개념 확인하기

1 ㉢　　2 ②　　3 ⑤　　4 ㉠, ㉣
5 ③, ④

똑똑한 하루 퀴즈

6 ❶ 게르 ❷ 사리

풀이

1 ㉢은 이누이트족의 전통 복장인 아노락으로, 동물의 가죽과 털로 만들어 추위와 바람을 효과적으로 막을 수 있습니다. ㉠은 인도, ㉡은 케냐 마사이족의 전통 복장입니다.

2 케밥은 초원 지대와 사막 지역에서 유목 생활을 하던 유목민들이 육류를 쉽고 간단하게 먹으려고 조각 내어 구워 먹던 것에서 비롯되었습니다.

3 고상 가옥은 열대 기후가 나타나는 지역에서 볼 수 있는 집 형태로, 주위에서 쉽게 구할 수 있는 나무와 풀로 집을 짓습니다.

4 세계 여러 나라에 사는 사람들의 생활 모습은 환경에 따라 다양합니다.

왜 틀렸을까?
㉡ 영국 : 자동차 운전석은 오른쪽에 있습니다.
㉢ 가나 : 어느 부족은 음악을 틀고 춤을 추는 등 축제 같은 분위기로 장례를 치릅니다.

5 세계 여러 나라 사람들의 생활 모습이 다른 까닭은 환경의 영향 때문이므로 우리와 다르다고 해서 이상하게 생각하지 않고 존중해야 합니다.

6 사람들의 생활 모습은 기후, 지형과 같은 자연환경과 종교, 풍습과 같은 인문 환경의 영향을 받습니다.

2일 이웃 나라의 환경

61쪽 개념 체크

1 낮　　2 서남부　　3 산지

62~63쪽 개념 확인하기

1 ④　　2 ②　　3 ③　　4 ㉠, ㉢

집중 연습 문제

5 ㉠
- ㉠ ➡ 일본
- ㉡ ➡ 중국

6 ①, ⑤

풀이

1 베이징은 중국의 수도입니다. 중국에는 산지, 고원, 평야, 강, 호수, 사막 등 다양한 지형이 나타납니다.

▲ 중국의 화베이평야

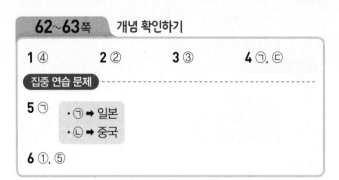

2 중국은 세계에서 영토의 면적이 네 번째로 넓습니다. ②는 러시아에 대한 설명입니다.

3 남북으로 뻗어 있는 우랄산맥을 경계로 아시아와 유럽을 동서로 나눕니다.

4 러시아는 천연자원이 풍부하며, 동부에 고원과 산지가 주로 나타납니다.

5 일본은 화산 활동의 영향으로 온천이 발달했습니다. 시짱고원은 중국에 있습니다.

6 우리나라의 동쪽에 있는 일본은 해안선이 아주 복잡합니다. 그리고 영토가 남북으로 길어 북쪽과 남쪽의 기후 차이가 나타납니다.

왜 틀렸을까?
② 네 개의 큰 섬과 3,000개가 넘는 작은 섬들로 이루어졌습니다.
③ 국토 대부분이 산지입니다.
④ 비와 눈이 많이 내립니다.

3일 이웃 나라의 생활 및 교류 모습

67쪽 개념 체크

1 한자　2 뾰족　3 정치

68~69쪽 개념 확인하기

1 ②　2 ㉢　3 ①, ⑤
4 (1) ㉠ (2) ㉢ (3) ㉡

집중 연습 문제

5 ㉡
- ㉠ ➡ 한국
- ㉡ ➡ 일본
- ㉢ ➡ 중국

6 중국

풀이

1 지리적으로 가까이 있어 오래전부터 활발하게 교류한 우리나라와 중국, 일본은 한자의 영향을 받은 공통적인 문화가 있습니다.

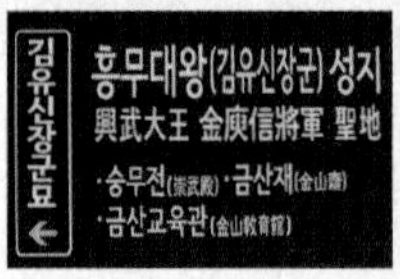
김유신장군묘
흥무대왕(김유신장군) 성지
興武大王 金庾信將軍 聖地
·숭무전(崇武殿) ·금산재(金山齋)
·금산교육관(金山敎育館)
▲ 우리나라의 표지판

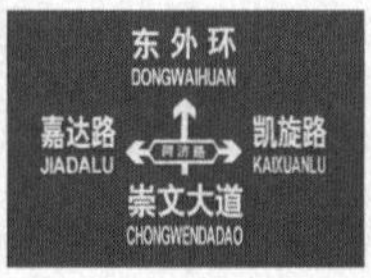
东外环
DONGWAIHUAN
嘉达路
JIADALU
凯旋路
KAIXUANLU
崇文大道
CHONGWENDADAO
▲ 중국의 표지판

徳島
Tokushima
E32 徳島道
TOKUSHIMA EXP
北島
Kitajima
三好市
Miyoshi City
▲ 일본의 표지판

2 러시아 문자에는 영어 알파벳처럼 대문자와 소문자가 있습니다.

3 러시아는 대다수의 사람들이 유럽에 가까운 서부 지역에 살기 때문에 언어, 음식 문화 등의 생활 모습은 유럽과 비슷합니다.

4 우리 주변을 살펴보면 우리나라와 이웃 나라가 다양한 분야에서 교류하고 있는 사례를 쉽게 찾아볼 수 있습니다.

5 일본은 섬나라 특성상 쉽게 녹슬지 않는 나무로 젓가락을 만듭니다. 그리고 생선 요리가 많아 가시를 편하게 바를 수 있도록 젓가락의 끝이 뾰족합니다.

6 주로 먹는 음식, 식사 예절 등이 달라 우리나라, 중국, 일본의 젓가락의 특징에 조금씩 차이가 나타납니다.

4일 우리나라와 관계 깊은 나라

73쪽 개념 체크

1 베트남　2 수입　3 경제

74~75쪽 개념 확인하기

1 ⑤　2 ㉢, ㉣　3 ②　4 ㉠
5 ㉡

똑똑한 하루 퀴즈

6 ❶ 자연환경 ❷ 한류

풀이

1 ① 기후, ② 면적, ③ 위치, ④ 지형은 자연환경과 관련 있는 내용입니다.

2 베트남은 벼가 많이 재배되어 세계에 쌀을 많이 수출하며, 노동력이 풍부해서 섬유 산업 등 경공업이 발달했습니다.

▲ 베트남의 계단식 논(사파)

▲ 경공업이 발달한 베트남

왜 틀렸을까?
㉠ 동남아시아에 위치해 있습니다.
㉡ 기후는 대체로 덥고 습한 편입니다.

3 사우디아라비아는 세계에서도 손꼽히는 원유 생산 국가입니다.

4 ㉠은 문화적 교류 사례이고, ㉡은 경제적 교류 사례입니다.

5 우리나라는 세계 여러 나라와 정치·경제·문화적으로 활발하게 교류하며 깊은 관계를 맺고 있습니다.

6 우리를 둘러싼 환경 중 사람이 만들지 않은 것은 자연환경이고, 사람이 자연을 토대로 만든 것은 인문환경입니다.

5일 2주 마무리하기

78~81쪽 마무리하기 문제

1 힌두교 **2** 예 땅에서 올라오는 열기와 습기를 피하고 바람이 잘 통하게 하려고 바닥이 땅에서 떨어지게 집을 짓는다.

3 ④	**4** ②, ④	**5** ③	**6** ㉠
7 ①, ③	**8** ③	**9** ㉢	**10** (2) ○

11 (1) ㉢ (2) ㉡ (3) ㉠

똑똑한 하루 퀴즈

12

▲ 일본

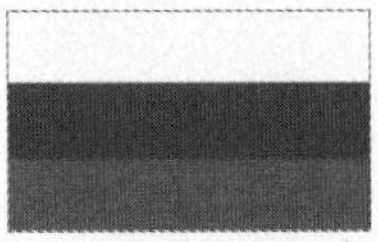
▲ 러시아

▲ 베트남

▲ 사우디아라비아

풀이

1 인도 사람들이 많이 믿는 종교인 힌두교에서는 옷감을 자르거나 바느질하는 것을 바람직하지 않게 여깁니다.

2 열대 기후 지역에서는 높은 기온과 습도를 피하기 위해 가옥의 바닥을 지면과 떨어뜨려 짓는 고상 가옥이 발달했습니다.

인정 답안

바닥이 땅에서 떨어지게 집을 지은 까닭을 알맞게 썼으면 정답으로 인정합니다.

인정 답안의 예
- 땅에서 올라오는 열기와 습기를 피하기 위해서이다.
- 바람이 잘 통하게 하기 위해서이다.

3 세계 여러 나라 사람들의 생활 모습을 열린 마음으로 봅니다.

4 중국은 세계에서 인구가 가장 많으며, 서쪽에서 동쪽으로 갈수록 지형이 낮아집니다.

5 일본은 네 개의 큰 섬과 3,000개가 넘는 작은 섬들로 이루어졌습니다.

6 ㈎는 러시아입니다.

7 지리적으로 가까이 있어 오래전부터 활발하게 교류했던 우리나라와 중국, 일본은 한자의 영향을 받았습니다.

8 우리나라와 중국, 일본의 젓가락은 각 나라 문화의 영향을 받아 모양이 나라마다 조금씩 다릅니다.

9 ㉠은 경제적 교류 사례, ㉡은 문화적 교류 사례, ㉢은 정치적 교류 사례입니다.

10 사우디아라비아에서는 우리나라에서 거의 생산되지 않는 원유가 생산되는 자연환경 때문에 우리나라와 활발하게 교류하고 있습니다.

11 우리나라는 세계 여러 나라와 정치·경제·문화 면에서 활발하게 교류하며 서로 의존하고 있습니다.

12 베트남은 넓은 평야를 중심으로 벼가 많이 재배되어 세계에 쌀을 많이 수출합니다.

2주 | TEST + 특강

82~83쪽 누구나 100점 TEST

1 ③	**2** ①	**3** ㉢	**4** ④
5 ①	**6** ㉠	**7** (1) ○	
8 (1) 경 (2) 문		**9** ㉠, ㉢	**10** ⑤

풀이

1 국민 대부분이 이슬람교를 믿는 터키 사람들은 주로 양고기로 케밥을 만듭니다.

2 ②는 러시아의 이즈바, ③은 파푸아 뉴기니의 고상 가옥, ④는 그리스의 하얀 벽 집입니다.

3 서로 다른 생활 모습을 이해하고 존중해야 합니다.

4 중국은 세계에서 인구가 가장 많고 여러 가지 산업이 발달했습니다.

5 일본은 화산 활동의 영향으로 온천이 발달했습니다.

6 러시아는 위도가 높아서 냉대 기후가 주로 나타나며, 한대 기후와 건조 기후가 나타나는 곳도 있습니다.

7 젓가락은 우리나라, 중국, 일본 등의 나라에서 주로 사용하고 있습니다.

8 우리나라와 이웃 나라는 다양한 분야에서 활발하게 교류를 하고 있습니다.

9 인구와 주요 산업은 인문 환경에 해당합니다.

10 사우디아라비아는 석유 자원의 수출을 바탕으로 우리나라를 비롯한 세계 각국에서 여러 기술을 도입해 국가 발전을 이루고 있습니다.

85쪽 생활 속 사회 융합

❶ ㉠ 힌두교 ㉡ 인문 환경

풀이

❶ 세계 여러 나라의 음식은 지형, 기후 등 자연환경 외에도 풍습, 종교 등 인문 환경의 영향을 받습니다.

86~87쪽 사고 쑥쑥 창의

❷

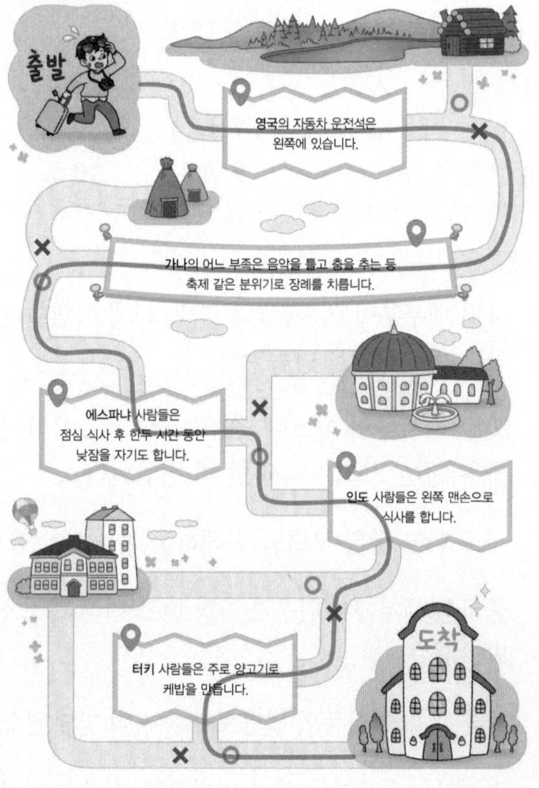

출발
영국의 자동차 운전석은 왼쪽에 있습니다.
가나의 어느 부족은 음악을 틀고 춤을 추는 등 축제 같은 분위기로 장례를 치릅니다.
에스파냐 사람들은 점심 식사 후 한두 시간 동안 낮잠을 자기도 합니다.
인도 사람들은 왼쪽 맨손으로 식사를 합니다.
터키 사람들은 주로 양고기로 케밥을 만듭니다.
도착

❸ 3

풀이

❷ 영국의 자동차 운전석은 오른쪽에 있으며, 인도 사람들은 오른쪽 맨손으로 식사를 합니다.

❸ 일본은 네 개의 큰 섬과 3,000개가 넘는 작은 섬들로 이루어졌으며, 섬나라여서 습하고 비와 눈이 많이 내립니다.

88~89쪽 논리 탄탄 코딩

❹ ⑦ ④ ⑧ ⑤

❺ 홍주

풀이

❹ 우리나라는 중국, 일본, 러시아와 국경을 마주하고 있습니다.

왜 틀렸을까?

⑨ 중국은 둥글고 큰 식탁에 빙 둘러앉아 음식을 한가운데 두고 먹기 편하도록 젓가락이 깁니다.
⑥ 세계에서 영토가 가장 넓은 나라는 러시아입니다.
③ 세계에서 인구가 가장 많은 나라는 중국입니다.
① 러시아 문자는 그리스 문자에 바탕을 둔 키릴 문자가 변형된 것입니다.

❺ 우리나라는 원유가 거의 생산되지 않아서 산업 발달에 필요한 원유를 다른 나라로부터 수입해야 합니다. 사우디아라비아는 우리나라가 원유를 수입하는 대표적인 나라입니다.

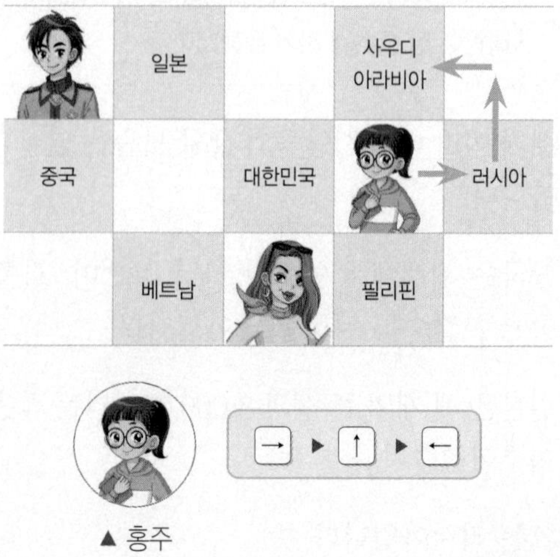

일본
사우디 아라비아
중국
대한민국
러시아
베트남
필리핀
→ ▸ ↑ ▸ ←

▲ 홍주

3주 한반도의 미래와 통일

1일 우리 땅 독도

97쪽 개념 체크

1 독도　　2 울릉도　　3 바위

98~99쪽 개념 확인하기

1 ②　　2 미주　　3 「대일본전도」
4 ②, ③

집중 연습 문제

5 ②　　• 예 탕건봉　• 예 코끼리 바위　　6 ㉠

풀이

1 독도는 우리나라의 동쪽 끝에 있는 섬으로, 동해의 한가운데에 자리잡고 있습니다.

왜 틀렸을까?
④ 울릉도는 독도의 서쪽에 있습니다.

2 독도에서 울릉도까지의 거리가 일본 오키섬까지의 거리보다 약 70 km 더 가깝습니다.

왜 틀렸을까?
• 희철 : 독도는 동해의 한가운데에 자리잡고 있습니다.
• 채영 : 독도는 섬이기 때문에 차로 갈 수 없습니다.

3 「대일본전도」에는 주변 섬들을 포함해 일본 영토를 자세히 그려 놓았지만 독도는 어디에도 없습니다.

4 「팔도총도」는 현존하는 우리나라 옛 지도 중 우산도(지금의 독도)가 표기된 가장 오래된 지도입니다.

5 한강은 서울특별시를 비롯하여 우리나라 중부를 흐르는 강입니다.

6 독도는 다양한 동식물이 서식하는 생태계의 보고로, 우리나라는 천연기념물로 지정해 보호하고 있습니다.

왜 틀렸을까?
㉡ 독도는 다양한 동식물이 서식하는 생태계의 보고입니다.
㉢ 우리나라는 독도를 이미 천연기념물 제336호로 지정해 보호하고 있습니다.

2일 독도를 지키려는 노력

103쪽 개념 체크

1 일본　　2 경비대　　3 외교

104~105쪽 개념 확인하기

1 ②　　2 울릉도　　3 주미　　4 ④
5 캐릭터

똑똑한 하루 퀴즈

6

★	내	누	으
하	독	반	크
거	도	스	★
경	가	준	일
★	비	★	본

❶ 독도 ❷ 일본 ❸ 경비 ❹ 반크

풀이

1 안용복은 일본으로부터 독도가 조선 땅임을 확인하려고 노력했던 사람입니다.

2 안용복의 노력을 계기로 일본은 조선의 영토인 울릉도와 독도에서 일본 어민들이 어업을 하지 못하도록 하는 명령을 내렸습니다.

3 정부는 독도를 지키려고 독도에 경비 시설을 만들고 독도 경비대원을 두고 있습니다.

왜 틀렸을까?
• 한영 : 나라에서 독도와 관련 있는 법령을 만듭니다.
• 가희 : 독도를 지키기 위해 노력하는 사이버 외교 사절단은 반크입니다.

4 반크는 인터넷에서 우리나라와 관련된 잘못된 사실을 바로잡는 데 노력하고 있습니다.

5 우리도 독도에 관심을 갖고 독도를 지키려는 노력을 해야 합니다.

3일 남북통일이 필요한 까닭

109쪽 개념 체크

1 분단 2 전쟁 3 국방비

110~111쪽 개념 확인하기

1 ② 2 ② 3 ㉠ 4 ③

집중 연습 문제

5 승유 예) 철광석 6 철도

풀이

1 남과 북이 분단되어 있기 때문에 군인들이 휴전선을 지키고, 남북한 정상이 만나서 회담을 합니다.

2 남북 분단으로 인해 이산가족들은 고향에 가지 못하거나 부모 형제를 만날 수 없어서 슬픔에 빠져 있습니다.

3 남북이 분단되어서 남북 갈등으로 전쟁이 일어날 수 있다는 공포가 있고, 국방비의 비율이 높아 경제적으로 손실을 보는 문제도 있습니다.

4 남과 북은 예전에는 같은 언어를 사용하고 같은 역사와 문화를 공유했지만, 분단으로 언어와 문화가 달라졌습니다.

5 남북통일을 하면 남북의 자원을 효율적으로 사용할 수 있게 됩니다.

6 남북통일이 되면 육로로 외국과 더욱 활발하게 교류할 수 있게 됩니다.

4일 남북통일을 위한 노력

115쪽 개념 체크

1 정상 2 경제 3 문화

116~117쪽 개념 확인하기

1 회담 2 ㉣ 3 ① 4 ⑤
5 ㉢

똑똑한 하루 퀴즈

6 통일

풀이

1 2000년, 2007년, 2018년에는 남북 정상이 만나 한반도 평화를 위해 노력하기로 뜻을 모았습니다.

2 1991년에는 남북 화해, 교류, 협력 등의 내용이 담긴 남북 기본 합의서가 채택되었습니다.

3 남과 북은 평화 통일을 이루기 위해 다양한 분야에서 교류하고 있습니다.

4 평창 동계 올림픽에서 남북한 선수단은 한반도기를 들고 공동 입장을 했습니다.

5 앞으로 남북한이 서로에 대한 믿음을 바탕으로 뜻을 같이하는 기회를 늘린다면 남북통일은 평화롭게 진행될 수 있을 것입니다.

6 남한과 북한은 통일을 이루기 위한 다양한 노력을 하고 있습니다.

5일 3주 마무리하기

120~123쪽 마무리하기 문제

1 ㉡ 2 ⑤ 3 ⑤ 4 일본
5 ① 6 ③, ⑤ 7 ② 8 ⑤
9 ② 10 ②
11 예) 남북 예술단이 합동 공연을 했다.

똑똑한 하루 퀴즈

12 ㄱ

풀이

1 독도는 우리나라 울릉도 옆 동쪽 끝에 위치한 섬입니다.

> **왜 틀렸을까?**
> ㉠ 울릉도입니다.
> ㉢ 일본의 섬인 오키섬입니다.

2 독도는 독특한 지형과 경관을 지닌 화산섬으로, 경사가 급하고 대부분 암석으로 되어 있습니다.

3 독도 주변에 사는 해양 생물에는 살오징어, 부채뿔산호, 도화새우 등이 있습니다.

> **왜 틀렸을까?**
> ① 강치는 독도에 원래 살고 있었으나 일본인들이 불법으로 강치잡이를 해서 점차 사라지게 된 동물입니다.

4 안용복은 울릉도 인근에서 고기잡이를 하던 중 일본 어민을 발견하고 이를 꾸짖었습니다.

5 우리나라는 독도에 등대, 선박 접안 시설, 경비 시설 등을 설치했습니다.

6 반크는 1999년 설립된 사이버 외교 사절단으로, 인터넷에서 우리나라와 관련된 잘못된 사실을 바로잡는 데 노력하고 있습니다.

7 6·25 전쟁은 1950년 6월 25일 새벽에 북한 공산군이 남한을 침략하여 일어난 전쟁입니다.

8 남북통일이 되면 국방비가 줄어서 남은 비용을 국민들의 삶의 질을 높이는 곳에 사용할 수 있게 됩니다.

9 북한의 풍부한 자원과 남한의 높은 기술력을 이용하면 경쟁력 있는 제품을 만들 수 있습니다.

10 남북통일을 위한 정치적 노력에는 남북 기본 합의서 채택, 남북 정상 회담 개최 등이 있습니다.

> **왜 틀렸을까?**
> ① 경제적 노력입니다.
> ③ 사회 · 문화적 노력입니다.
> ④ 경제적 노력입니다.
> ⑤ 사회 · 문화적 노력입니다.

11 남북한 예술단이 함께 무대를 꾸며 한반도의 평화를 기원하기도 했습니다.

> **인정 답안**
> 남북통일을 위한 사회 · 문화적인 노력을 썼으면 정답으로 인정합니다.
> **인정 답안의 예**
> 남북한 평창 동계 올림픽 선수단이 공동 입장을 했다.

12 독도에서는 코끼리 바위, 탕건봉, 삼형제굴 바위, 한반도 바위, 천장굴, 독립문 바위 등 다양한 모양의 지형을 볼 수 있습니다.

3주 | TEST+특강

124~125쪽 누구나 100점 TEST

1 ②	2 (1) ○	3 윤혜	4 ㉢
5 지키기	6 분단	7 ②	8 ①, ③
9 ③	10 한성		

풀이

1 독도는 한반도의 부속 도서로서 우리나라의 동쪽 끝에 위치한 섬입니다.

2 「팔도총도」를 보면 우산도(독도)를 실제와 달리 울릉도의 서쪽에 그렸습니다.

> **왜 틀렸을까?**
> (2) 「대일본전도」는 일본이 공식적으로 자국의 영토 전체를 표기해 만든 지도입니다.

3 독도는 섬이기 때문에 배를 타고 갈 수 있으며, 경사가 급하고 대부분 암석으로 되어 있습니다.

4 안용복은 울릉도와 독도가 우리나라 영토임을 주장했고, 그의 노력으로 일본은 울릉도 도해 금지령을 내렸습니다.

5 정부와 민간단체는 독도를 지키기 위해 다양한 활동을 하고 있습니다.

6 남북이 분단되어 있어서 다양한 사회 현상이 발생하고 있습니다.

7 이산가족은 남북 분단 등의 사정으로 이리저리 흩어져서 서로 소식을 모르는 가족을 말합니다.

8 남북통일이 이루어지면 전쟁의 공포에서 벗어날 수 있고, 철도를 이용해서 외국과 더욱 활발하게 교류할 수 있게 됩니다.

9 개성 공단을 가동한 것은 통일을 위한 경제적 노력에 속합니다.

10 남북한이 서로에 대한 믿음을 바탕으로 뜻을 같이하는 기회를 늘린다면 남북통일은 평화롭게 진행될 수 있을 것입니다.

127쪽 생활 속 사회 융합

❶ ㉠ 천연기념물 ㉡ 탕건봉

풀이

❶ 독도는 각종 자원을 얻을 수 있는 중요한 가치가 있는 곳입니다.

128~129쪽 사고 쑥쑥 창의

❷

		①개	성	②공	단					
				동				③이		
								산		
	④울							가		
	릉				⑥코			족		
⑤동	도				끼		⑦정	상	회	담
					리			봉		
					바					
	⑧한	반	도	바	위					

❸ (1) ㉡ (2) ㉢ (3) ㉠

풀이

❷ 정상 회담, 공동 입장, 개성 공단 등은 모두 통일을 위해 노력하는 모습입니다.

❸ 남북통일이 되면 전쟁에 대한 공포, 이산가족의 아픔 등의 문제가 해결될 수 있습니다. 그리고 육로로 유럽이나 아시아의 다른 나라와 쉽고 빠르게 더 많은 교류를 할 수 있게 됩니다.

130~131쪽 논리 탄탄 코딩

❹ ⑧ ② ①

❺

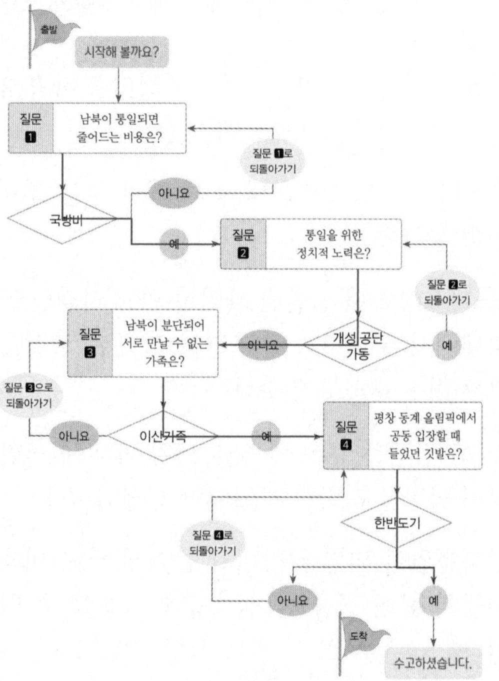

출발
시작해 볼까요?
질문 ❶ 남북이 통일되면 줄어드는 비용은?
질문 ❶로 되돌아가기
아니요
국방비
예
질문 ❷ 통일을 위한 정치적 노력은?
질문 ❷로 되돌아가기
질문 ❸ 남북이 분단되어 서로 만날 수 없는 가족은?
아니요
개성 공단 가동
예
질문 ❸으로 되돌아가기
아니요
이산가족
예
질문 ❹ 평창 동계 올림픽에서 공동 입장할 때 들었던 깃발은?
한반도기
질문 ❹로 되돌아가기
아니요
예
도착
수고하셨습니다.

풀이

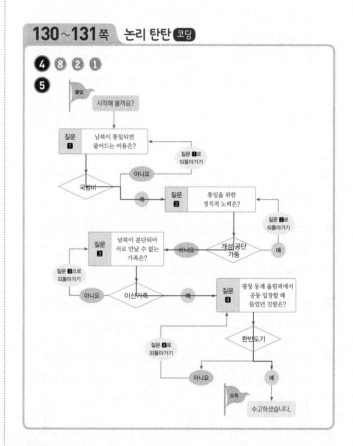

❹ 독도는 동해의 한가운데에 자리잡고 있어 선박의 항로뿐만 아니라 군사적으로도 중요한 위치에 있습니다. 독도에 경비 시설을 설치한 것은 정부이고, 안용복은 조선 시대에 독도를 지키기 위해 노력한 사람입니다.

❺ 통일을 위한 정치적 노력에는 남북 기본 합의서 채택, 남북 정상 회담 개최 등이 있습니다. 개성 공단을 만들어서 운영한 것은 통일을 위한 경제적 노력입니다.

4주 지구촌 평화와 지속 가능한 지구촌

1일 지구촌 갈등의 원인과 문제점

139쪽 개념 체크

1 유대　　2 메콩　　3 다른

140~141쪽 개념 확인하기

1 ㉠　　2 ④　　3 ⑤　　4 정선
5 ㊞ 종교, 인종

똑똑한 하루 퀴즈

6 ㊞ 내전

풀이

1 이스라엘과 팔레스타인은 지구촌의 대표적인 갈등 지역으로, 오랜 시간 갈등이 계속되어 왔습니다.

2 시리아는 국내에 크고 작은 전쟁이 계속되고 있어 많은 난민이 발생했습니다.

3 나이지리아는 서로 문화와 종교가 다른 부족들이 하나의 나라로 묶여 있어서 내전이 발생하고 있습니다.

4 여러 나라에 속한 물 자원을 어느 한 국가가 많이 가지려고 하면 갈등이 발생합니다.

5 지구촌 갈등은 영토, 종교, 자원, 민족, 역사적인 문제, 정치적인 문제 등 여러 가지가 얽혀서 나타납니다.

6 전쟁이 일어나면 폭격으로 건물이 무너지고 어린이들이 목숨을 잃거나 부모를 잃고 고아가 되기도 합니다.

2일 지구촌 갈등 해결을 위한 노력

145쪽 개념 체크

1 연합　　2 남수단　　3 아동

146~147쪽 개념 확인하기

1 ①, ⑤　　2 (1) ㉠ (2) ㉡ (3) ㉣ (4) ㉢
3 ①　　4 ㉢, ㉣

집중 연습 문제

5 ⑤ ①　　6 ①

풀이

1 1945년 설립된 국제 연합(UN)은 지구촌의 평화 유지, 전쟁 방지, 국제 협력 활동을 하는 국제기구입니다.

2 국제 연합에는 다양한 전문 기구들이 설립되어 있으며, 세계 여러 나라가 서로 협력해 지구촌 갈등을 해결하려고 노력하고 있습니다.

왜 틀렸을까?

(1) 국제 노동 기구(ILO)
(2) 유엔 난민 기구(UNHCR)
(3) 유네스코(UNESCO)
(4) 국제 원자력 기구(IAEA)

3 간디는 지구촌 갈등을 해결하고자 비폭력적 방법으로 노력한 사람입니다.

4 조디 윌리엄스는 지뢰 금지 국제 운동 단체 설립에 참여했고, 1997년에 노벨 평화상을 수상했습니다.

5 국경 없는 의사회는 의료 지원을 받지 못하거나 전쟁, 질병, 자연재해 등으로 고통받는 사람들을 돕고자 노력하고 있습니다.

6 세이브 더 칠드런은 아동의 생존과 보호를 돕고 이를 위한 시민들의 참여를 실현하고자 활동합니다.

왜 틀렸을까?

② 해비타트는 집을 지어 줍니다.
③ 그린피스는 자연 보호 운동을 합니다.
④ 국제 앰네스티는 인권 보호 활동을 합니다.

3일 지구촌 환경 문제

151쪽 개념 체크

1 환경　　2 파리　　3 끄기

152~153쪽 개념 확인하기

1 ② 2 백화 3 ③ 4 라온

집중 연습 문제

5 ①, ③ 예 국가 6 ②

풀이

1 브라질은 경제 개발을 위해서 아마존 지역을 개발하려고 하고 그 과정에서 아마존 열대 우림의 파괴가 급속도로 진행되고 있습니다.

2 지구 온난화로 바다의 온도가 계속 상승해 지난 2년 동안 호주 연안에 있는 대산호초의 절반가량이 죽었다는 연구 결과도 발표되었습니다.

3 중금속 발암 물질이 다량 함유된 초미세 먼지가 증가하여 문제가 되고 있습니다.

4 지속 가능한 미래를 위해서 우리는 환경을 지키고 보존해야 할 책임이 있습니다.

5 개인은 생활에서 지구촌 환경을 위해 친환경 제품을 사용하고 에너지를 절약하며, 일회용품을 줄이기 위해 노력하고 있습니다.

6 세계 자연 기금은 기후 변화 문제의 심각성을 널리 알리고 이에 적극적으로 대응하고자 세계인이 함께 참여하는 '지구촌 전등 끄기' 캠페인 활동을 매년 개최하고 있습니다.

4일 지속 가능한 미래를 위한 노력

157쪽 개념 체크

1 기아 2 모금 3 세계

158~159쪽 개념 확인하기

1 ⑤ 2 ㉢ 3 ④ 4 나영
5 ⑤

똑똑한 하루 퀴즈

6 ㉠

풀이

1 여전히 많은 어린이가 영양을 제대로 공급받지 못해 발육 부진을 겪고 있습니다.

2 가뭄이 계속되어 물과 식량이 부족해서 빈곤 문제가 심각해지기도 합니다.

3 지구촌 사람들은 빈곤 때문에 교육을 받지 못하는 학생들이 교육을 받을 수 있도록 힘씁니다.

4 세계 곳곳에서는 문화가 다르다는 이유로 편견과 차별에 고통받는 사람들이 있기 때문에 문화적 편견과 차별을 해결하고자 노력해야 합니다.

5 세계 시민은 전 세계의 평화와 발전을 생각하며 지구촌의 일원으로서 책임감을 가진 사람입니다.

6 지속 가능한 미래를 위해 우리가 생활 속에서 실천할 수 있는 일이 많습니다.

왜 틀렸을까?

㉠ 세수할 때 물을 아껴 쓰는 것도 세계 시민으로서 해야 할 일입니다.

5일 4주 마무리하기

162~165쪽 마무리하기 문제

1 ⑤ 2 ⑤ 3 예 그렇지, 여러 국가는 서로 밀접하게 연결되어 있어서 지구촌 전체의 문제가 될 수 있단다. 4 ① 5 ② 6 (1) ㉠ (2) ㉡
7 환경 8 은우 9 기업 10 ③
11 ⑤ 12 ㉡

똑똑한 하루 퀴즈

13

★	가	맹	문	★
민	연	합	수	★
산	호	백	화	장
★	내	나	경	기
주	의	전	라	아

❶ 내전 ❷ 연합 ❸ 산호 백화 ❹ 기아

풀이

1 이스라엘과 팔레스타인은 영토 분쟁 지역이기도 하지만, 서로 종교가 달라 종교 분쟁도 일어나고 있습니다.

2 나이지리아는 영국으로부터 독립하면서 부족 간 대립이 나타나기 시작했고, 38년 동안 전쟁이 일곱 번 발생했습니다.

3 한 나라의 내전이나 일부 지역의 충돌이 지구촌 전체에 영향을 줄 수 있습니다.

인정 답안

한 나라 안에서 일어난 문제가 지구촌 전체의 문제가 될 수 있는 이유를 알맞게 썼으면 정답으로 인정합니다.

인정 답안의 예

문제가 심해지면 다른 나라에 도움을 청하는 등 갈등 상황이 주변으로 번지기도 하기 때문에 지구촌 전체의 문제가 될 수 있어.

4 제1, 2차 세계 대전을 겪은 후 세계는 평화로운 방법으로 갈등을 해결하는 것이 중요하다는 점을 깨닫고 국제 연합을 만들었습니다.

5 이태석 신부는 국적과 종교를 넘은 희생과 봉사로 지구촌 평화를 위해 노력했습니다.

왜 틀렸을까?

① 간디는 인도인 인종 차별을 해결하기 위해 노력했습니다.
③ 정약용은 조선 후기의 실학자입니다.
④ 테레사 수녀는 가난하고 병든 사람을 위해 봉사했습니다.
⑤ 마틴 루서 킹은 미국의 흑인 운동 지도자입니다.

6 비정부 기구는 지구촌 평화와 발전을 이루려고 다양한 분야에서 활동하고 있습니다.

7 사람들의 필요에 따라 개발이 무분별하게 이루어지고 있기 때문에 환경 문제가 나타납니다.

8 지구촌 환경 문제를 해결하기 위해 일회용품을 되도록 적게 써야 합니다.

9 기업은 환경을 보호하고 사회적 책임을 실천하고자 노력하고 있습니다.

10 2015년 12월 12일, 프랑스 파리에서 '파리 기후 협정'이 체결되었는데, 전 세계 195개의 나라가 온실가스 배출을 줄이는 협정에 동의했습니다.

11 가족의 생계를 위해 학교에 못 가고 일을 해야 하는 어린이가 지구촌 곳곳에 있습니다.

12 문화적 편견과 차별을 해결하기 위해 편견과 차별을 극복하고 다양성을 존중하는 교육 활동을 하고, 지구촌의 다양한 역사와 문화를 배우도록 합니다.

13 내전은 여러 이해관계로 같은 나라 안에서 한 집단이 다른 집단에 대해 무력 투쟁을 일으키는 행위를 말합니다.

4주 | TEST+특강

166~167쪽 누구나 100점 TEST

1 ②	2 ⑤	3 ③	4 ②
5 ㉡	6 (1) ○	7 ④	
8 세계 자연 기금		9 ㉡	10 해민

풀이

1 내전이 일어난 나라에서 많은 난민이 발생하여 지구촌 전체의 문제가 되고 있습니다.

2 나이지리아는 서로 문화와 종교가 다른 부족들이 하나의 나라로 묶여 있어 협력하지 못하는 문제가 발생하고 있습니다.

3 여러 나라에 속한 물 자원을 어느 한 국가가 많이 가지려고 하면 갈등이 발생합니다.

4 국제 연합 산하 전문 기구들은 각기 해당 분야에서 전문성을 갖고 활동하고 있습니다.

5 말랄라 유사프자이는 여성 교육을 위해 활동한 파키스탄의 운동가입니다.

왜 틀렸을까?

㉠ 이태석 신부를 가리키는 말입니다.
㉢ 대표적으로 조디 윌리엄스가 있습니다.
㉣ 인도인 차별 문제를 해결하기 위해 노력한 사람은 간디입니다.

6 해비타트는 가난한 지역과 전쟁, 자연재해 등으로 터전을 잃어버린 사람들에게 집을 지어 주고 있습니다.

왜 틀렸을까?

(2) 어린이 인권 보호를 위해 노력하는 것은 세이브 더 칠드런입니다.

7 산호 백화 현상은 여러 원인으로 발생하지만 바다 온도의 급격한 상승, 오염 등에 큰 영향을 받습니다.

8 세계 자연 기금은 지구촌 환경 문제를 해결하기 위해 활동하는 단체입니다. 국제 앰네스티는 인권과 관련된 시민 활동을 하는 국제단체입니다.

9 분쟁 지역의 기아 인구가 지속적으로 늘어나고 있으므로 다른 나라에서 도와주려는 노력을 해야 합니다.

왜 틀렸을까?

㉠ 빈곤에 대한 설명입니다.

10 세계 시민은 지구촌 문제가 우리의 문제임을 알고 이를 해결하고자 협력하는 자세를 지닌 사람입니다.

왜 틀렸을까?

- 우경 : 세계 시민은 지구촌 곳곳에서 나타나는 문제에 책임감을 갖는 사람입니다.
- 주훈 : 세계 시민은 나, 우리 가족만 생각하지 않고, 지구촌 문제에 관심을 갖는 사람입니다.

169쪽 생활 속 사회 융합

❶ (1) 예 감자 과자
(2) 플래시

풀이

❶ 환경 문제를 생각하고 자원을 아끼는 생산과 소비 활동을 통해 지구촌 환경 오염을 막고 피해를 보는 사람을 줄일 수 있습니다.

170~171쪽 사고 쑥쑥 창의

❷

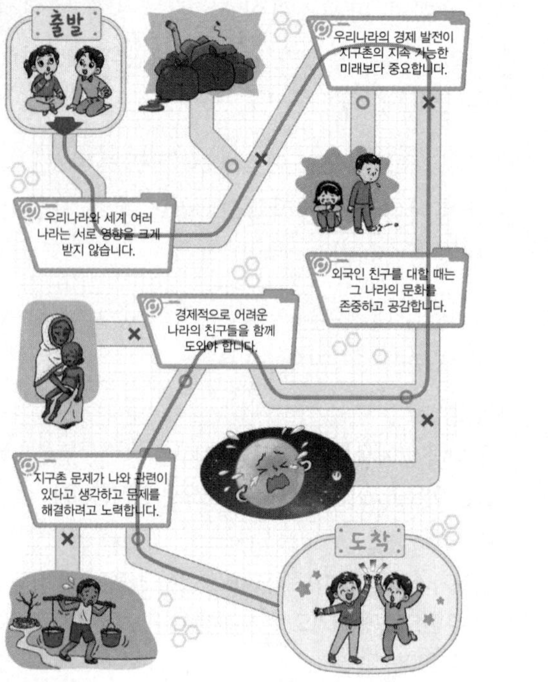
출발
우리나라의 경제 발전이 지구촌의 지속 가능한 미래보다 중요합니다.
우리나라와 세계 여러 나라는 서로 영향을 크게 받지 않습니다.
외국인 친구를 대할 때는 그 나라의 문화를 존중하고 공감합니다.
경제적으로 어려운 나라의 친구들을 함께 도와야 합니다.
지구촌 문제가 나와 관련이 있다고 생각하고 문제를 해결하려고 노력합니다.
도착

❸ (1) 환경
(2) ㉢

풀이

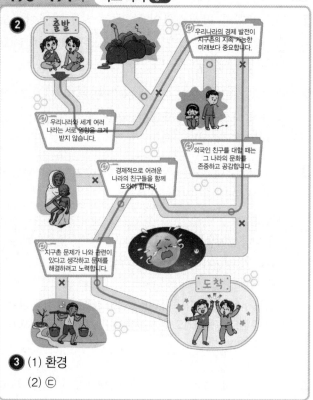

❷ 우리도 세계 시민으로서 지구촌 문제에 관심을 갖고 이를 해결하고자 꾸준히 노력해야 합니다.

❸ (1) 지구촌 환경 문제를 해결하고자 일회용 비닐봉지 사용을 규제하고, 해양 쓰레기 대처 방안을 논의하고 있습니다.
(2) 개인은 가까운 거리를 걸어 다니며 환경 문제 해결을 위해 노력할 수 있습니다.

172~173쪽 논리 탄탄 코딩

❹ 세계 시민
❺ 듬이

풀이

❹ 세계 시민은 지속 가능한 미래를 위해 생활 속에서 할 수 있는 일을 실천하려고 노력합니다.

❺ 지구촌 사람들은 빈곤과 기아 문제를 해결하려고 모금 활동, 구호 활동, 캠페인, 교육 지원 등 다양한 노력을 하고 있습니다.

정답은
이안에
있어!

기초 학습능력 강화 프로그램

매일 조금씩 공부력 UP!

똑 똑 한
하루
독해
2 단계 A
하루 독해

똑 똑 한
하루
어휘
3 단계
하루 어휘

똑 똑 한
하루
글쓰기
1A 단계
하루 글쓰기

똑 똑 한
하루
VOCA
1 A
하루 VOCA

똑 똑 한
하루
수학
초등 수학 3·1
하루 수학

똑 똑 한
하루
계산
초등 수학 3A
하루 계산

똑 똑 한
하루
도형
초등 수학 3단계
하루 도형

똑 똑 한
하루
사고력
초등 수학 1A
하루 사고력

똑 똑 한
하루
사회
3-2
하루 사회

똑 똑 한
하루
과학
3-2
하루 과학

과목	교재 구성	과목	교재 구성
하루 수학	1~6학년 1·2학기 12권	**하루 사고력**	1~6학년 A·B단계 12권
하루 VOCA	3~6학년 A·B단계 8권	**하루 글쓰기**	예비초~6학년 A·B단계 14권
하루 사회	3~6학년 1·2학기 8권	**하루 한자**	1~6학년 A·B단계 12권
하루 과학	3~6학년 1·2학기 8권	**하루 어휘**	1~6단계 6권
하루 도형	1~6단계 6권	**하루 독해**	예비초~6학년 A·B단계 12권
하루 계산	1~6학년 A·B단계 12권		

※ 각 교재별 출간 시기는 조금씩 다르며, 일부 교재는 순차적으로 출시될 예정입니다.

배움으로 행복한 내일을 꿈꾸는

천재교육 커뮤니티 안내

교재 안내부터 구매까지 한 번에!

천재교육 홈페이지

천재교육 홈페이지에서는 자사가 발행하는 참고서,
교과서에 대한 소개는 물론 도서 구매도 할 수 있습니다.
회원에게 지급되는 별을 모아 다양한 상품 응모에도
도전해 보세요.

구독, 좋아요는 필수! 핵유용 정보 가득한

천재교육 유튜브 <천재TV>

신간에 대한 자세한 정보가 궁금하세요?
참고서를 어떻게 활용해야 할지 고민인가요?
공부 외 다양한 고민을 해결해 줄 채널이 필요한가요?
학생들에게 꼭 필요한 콘텐츠로 가득한 천재TV로 놀러 오세요!

다양한 교육 꿀팁에 깜짝 이벤트는 덤!

천재교육 인스타그램

천재교육의 새롭고 중요한 소식을 가장 먼저 접하고 싶다면?
천재교육 인스타그램 팔로우가 필수!
누구보다 빠르고 재미있게 천재교육의 소식을 전달합니다.
깜짝 이벤트도 수시로 진행되니 놓치지 마세요!